精进者的人文通识课

U0890107

# 这就是逻辑学

[日] 见里敏比古——著　　钟小源——译

SPM
南方出版传媒
广东经济出版社
·广州·

**图书在版编目（CIP）数据**

这就是逻辑学 /（日）见里敏比古著；钟小源译 . — 广州：广东经济出版社，2021.6

（精进者的人文通识课）

ISBN 978-7-5454-7729-0

Ⅰ . ①这… Ⅱ . ①见… ②钟… Ⅲ . ①逻辑学 Ⅳ . ① B81

中国版本图书馆 CIP 数据核字 (2021) 第 058977 号

**著作权合同登记号：19-2021-057**

特约编辑：钱怡羊
责任编辑：周　炜
责任技编：陆俊帆

"HONTONI WAKARU RONRIGAKU" by Toshihiko Miura
Copyright © Toshihiko Miura 2010
All Rights Reserved.
Original Japanese edition published by Nippon Jitsugyo Publishing Co., Ltd..
This Simplified Chinese Language Edition is published by arrangement with Nippon Jitsugyo Publishing Co., Ltd. through East West Culture & Media Co., Ltd., Tokyo

## 这就是逻辑学
ZHE JIUSHI LUOJIXUE

| | |
|---|---|
| 出版人 | 李　鹏 |
| 出　版<br>发　行 | 广东经济出版社（广州市环市东路水荫路 11 号 11 ～ 12 楼） |
| 经　销 | 全国新华书店 |
| 印　刷 | 三河市信达兴印刷有限公司<br>（三河市杨庄镇大窝头村西） |
| 开　本 | 210 毫米 ×145 毫米　1/32 |
| 印　张 | 9.5 |
| 字　数 | 197 千字 |
| 版　次 | 2021 年 6 月第 1 版 |
| 印　次 | 2021 年 6 月第 1 次 |
| 书　号 | ISBN 978-7-5454-7729-0 |
| 定　价 | 52.00 元 |

北京营销中心地址：北京市东城区夕照寺街 14 号富瑞苑大厦 201
电话：(010) 67138865　邮政编码：100061
如发现印装质量问题，影响阅读，请与本社联系
广东经济出版社常年法律顾问：胡志海律师
**· 版权所有　翻印必究 ·**

# 序言

人们常说："比起结果，过程更为重要。"知识的入门书里也常常能见到这样的附言："不仅重视结论，也重视思维方式。"在逻辑学中，我们把"过程"和"思维方式"替换成"逻辑"，其意义还是不变的。

所谓逻辑，就是哪怕主题和对象发生了改变也依然成立的"构造"和"方法"。我想大家都知道，在"构造"相似时，哪怕登场人物和事物各不相同，同样的处理方法都是可以生效的。而将这个"构造"和"方法"作为研究对象的逻辑学，因为它是所有学问的基础，所以比起其他任何特定学科，它都能给我们带来适用范围更为广泛的知识。

但是反过来说这也是它的难点所在——由于"构造"和"方法"过于普遍而难以捉摸，学习起来极为困难。逻辑学，主要研究"思考的构造"和"思考的方法"，是为了提高效率的实践性学问，但学习逻辑学之前，还必须学习“逻辑”。如果不理解何谓逻辑，就很难学习逻辑学，因为逻辑学是对逻辑的一种反省性认识。

在此意义上，可以说逻辑学的入门方式较为独特。当我们学习物理学、心理学和语言学之时，不需要从“物为何物？心为何物？言为何物？”开始学起，而应该能够立刻进入物理学、心理学和语言学的学习中。

在学习逻辑学时，由于“逻辑”这一研究对象本身过于抽象、非感性，所以我们必须要先从“逻辑究竟是什么？”开始学起。再进一步说，就算开始正式学习逻辑学，使用一些专业用语之后，如果不能勤于对逻辑学进行反省，那也将无法进步。从逻辑学重视基础这一点来看，它的确是一门优秀的哲学性学科。

本书中将把哲学性的“逻辑论”和“逻辑学”并行展开。为了明确地展示出逻辑的本性，就必须要检验逻辑是以何种形式出现在我们的日常生活中的。然后再从中让大家实际感受逻辑学的另一面，即它在日常生活中的实际运用——关于“批判性思维”的练习。

最终的问题虽然是以既有问题为素材，但在出题时我将题目进行了修改，让答题者在解答时不仅要套入逻辑规律，还要求他们对“何谓逻辑”这一点产生新的认识。在对逻辑学技巧进行学习和运用时，对“逻辑”本身进行的反省将会对确保“逻辑学的哲学性”起到作用。

见里敏比古

2010 年 8 月

# 目录

## 序章 “逻辑学习”之困难



## 01 逻辑与非逻辑

# 02 从“逻辑”到“逻辑学”



# 03 学习逻辑学规则

# 05 如何避免“逻辑谬误”



# 终章 演习问题

# 序章
# “逻辑学习”之困难

# 01 为何『逻辑学习』是困难的？

## 不自知的知识

严密地说，“学习逻辑学”和“学习逻辑”是两码事。学习逻辑学，即学习一门将逻辑体系性地重构、高效化的专业技术。为此，学习者就必须要先了解“逻辑”本身。而遗憾的是，学习“逻辑”并不是一件简单的事。为了让大家了解学习逻辑的困难，在这里我们先反过来想想“传授逻辑知识”的困难之处。

因为“传授逻辑知识”的困难会反映出“学习逻辑知识”的困难，所以，哪怕是学习者本身，也并非和“传授逻辑知识”的困难无缘。而且，当自己的逻辑学习有了一定程度的积累之后，是一定会有机会教别人如何进行逻辑学习的。因为，“教”不仅仅是专业教师的行为，它还频频出现于日常的人际关系之中。届时，“逻辑”特有的“传授之困难”就会成为我们的阻碍。

在对“法语、量子力学的计算”这类具体的特定领域的知识进行传授时，无论是传授者还是学习者，都能享受知识的扩散这一喜人的过程和结果。

但是，逻辑并不是普通的知识。如果“A”为真，且“如果 A 那么 B”为真时，“B”为真——在思考时如果能遵循这类规律，我们称之为逻辑能力，但它究竟是不是知识呢？由“A”和“如果 A 那么 B”推导出“B”的这一规律，在逻辑学中被命名为“肯定前件”。如果是教给别人：“这个推理被称为‘肯定前件’”，那也许它和教法语是一样的，我们可以称之为传授知识。但当学习者听到传授者若有其事地说“这个推论是正确的”之时，就会自然地产生一种逆反心理——“这不用你说我也知道！”或是产生一种疑问：“你为什么要特意跟我说这个？”

**小知识**

肯定前件——在“如果 A 那么 B”中，我们将 A 称为前件，B 称为后件。

确实，“肯定前件”是一种理所当然的推理规律，更是一种常识，根本没什么好特意说的。但是，世间流传的所谓非逻辑性的议论大多数（由偏见导致的争论、依赖权威的推理方式、偏感性的主张、以自我为中心的争论、结论先行的推理、错觉的无反省追认等）都违背了以“肯定前件”为首的常识性规律。也就是说，事实上“理所当然的规律”屡屡遭到违背。有很多事情，人们“懂是懂，但自己并未意识到”。

那么，对“虽懂但不自知”的部分进行学习或传授，究竟意味着什么呢？

## 02 比起知识，逻辑和伦理的关系更加紧密

### 逻辑学的立场

在日常讨论中大多数经常被违背的推理规律，正是那些作为合理交流的最基本的要求，谁都能本能地理解和尊重的知识。所以，那些“当然明白逻辑，但并不自知”的人，与其说他们是缺乏知识，其实更大的问题在于他们的伦理“态度”。这样一来，“逻辑启蒙”这一立场，与其说是所谓的学术知识传授，不如说它更接近于一种道德规范的指导。

当然了，逻辑学中体系化的推理规律和逻辑规则也不全是不说便知的，也存在很多只依赖于常识就容易弄错的微妙的规律、便利的技巧以及将日常用语理想化后使用起来更为方便的

人为定义，等等。就像我们后面可以看到的一样，很明显，这类规则、定义和技巧的传授和学习与普通知识的传授和学习并没有什么两样。

但是，能运用在日常生活中的逻辑学技巧，其步骤基本上都是不说便知的。当我们主张“A”和“如果 A 那么 B”之时，就会有人叫我们主张“B”；如果我们主张了“A”，就会有人叫我们别主张“非 A”；当我们主张“如果 A 那么 B”时，如果知道了“非 B”，就会有人叫我们撤回“A”——这些都是想都不用想的理所当然的规则，我想大家应该也非常清楚。如果有人没法做到这一点，我们也不能说他“不知道逻辑”，因为他在潜意识里是知道的。

那么，对于那些受到感情和直观影响而忽视逻辑法则的人，我们很有可能会采取哪种应对方式呢？没错，我们对待他们会像对待“确信犯”一样。有不少人，他们说着自相矛盾的话，把子虚乌有的东西当作根据，将结论作为前提，哪怕你向他们指出这些错误，他们也不会撤回自己的主张和改变自己的态度。当然了，人类不仅受形式逻辑的驱使，有时候也会因为诸多事宜而受束于非逻辑性的主张，我们不应该一概而论地对其进行批判。

但是，从逻辑学的立场，尤其是从负责“传授”和“启蒙”一方的立场来说，必须要拒绝这种非逻辑的态度。而且这个拒绝的程度，比起物理学家对于不知惯性之人、生物学家对于不知减数分裂之人的拒绝程度要来得更为严格。就算一个人不知道物理学和生物学的基本概念，他也很少会被人厌恶。但当我们面对一个不能正确运用逻辑法则的人时，比起单纯地说他没有教养，更容易认为他在对伦理的适应上存在障碍。

但是，这种对待方式是否正确呢？

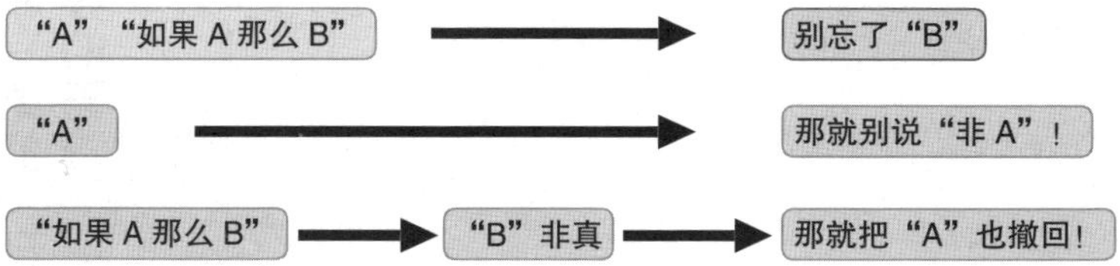


不说便知的步骤

# 03 外行和专家的『逻辑』是对等的吗？

## 缺陷模型与对话模型

围绕核电厂、转基因、医疗、环境影响评价等科学技术及问题，“缺陷模型”曾占据优势。缺陷模型认为：“由于外行（消费者、居民、患者等）缺乏科学知识，很多事情都不了解，只要专家诚恳仔细地将知识传授给他们，他们就一定会愿意去理解。”这种观点将专家与外行的关系以“科学知识量的多少”这样一元的标准进行固定，对于那些由于无知而感到不安和抗拒的外行，只需一味地要求他们学习科学知识，使其接近专家的观点，这样问题就能得到解决。我们也可以将这类基于缺陷模型的应对方法当作一种“家长式领导”。

**小知识**

家长式领导——也被称为“父权主义”。比方说，在个人和组织的关系中，为了确保个人的利益，组织对个人的生活进行管理，取代其自由意志，并将此做法正当化的立场。

但是，由于在实践中还需要考虑各种各样的因素，包括不能用科学知识完全解释清楚的主观价值感和一些虽然没有根据但隐隐约约能感受到的默认的经验等，渐渐地，人们开始推崇“对话模型”的观点。因为在此模型下，专家和外行，不仅是一种单向性的关系，还要互相补充各自的世界观，通过建立对话以获得更高层次的理解。

# 01
# 逻辑与非逻辑

## 01 为何必须要有『逻辑性』？

### 中庸之德

所有人都想保持逻辑性。一方面，与其说是自己想，可能更多时候是对他人的要求。也许经常有人会想要抱怨："你说这些非逻辑的东西让我很困扰。"这时，"逻辑"表现出了一种近似于常识规则的思考原则。

但另一方面，当自己被要求"遵守逻辑""想问题要符合逻辑"的时候，可能也会有不少人觉得可疑，或是抱有戒备心。一说到"逻辑"，人们就容易产生不好的印象，认为它是不灵活的、僵硬的、机械性的、没有情感的、不通融的、精打细算的、照本宣科的、乏味枯燥的、理所当然的东西。

“右脑思维”曾一度受到推崇。人们对于掌控直观和想象思维的右脑活动的期待，摆脱了掌控逻辑和语言的左脑的支配，试图采取一种更为灵活的思维方式来思考问题，这就是所谓的“解放思想”。

逻辑作为一种社会规则，是商业和日常对话乃至学术讨论所需的最基本的条件；同时，它也使人带有一种戒备心。如果不遵守就只会遭到批判——“这不符合逻辑！”人们容易认为，人类具有重视情感、微妙语境和模糊性的本性，而逻辑则反其道而行之，对这些本性施以非人性的管制。那么，逻辑究竟是什么呢？“逻辑”这个东西，好像既不能轻视它，也不能对它有过高的评价。那么在现实社会中，它究竟是被过于轻视，还是受到人们过多地依赖呢？

以我的一己之见来说，现在的社会，不管在日常生活还是在学问争论中，逻辑都被过于轻视了。每个人都应该更重视“逻辑”，更意识到“逻辑”，确认现在自己的想法是否具有“逻辑性”。从电信诈骗到顺势疗法，这些都是利用了人类逻辑思考的缝隙和弱点所引起的问题。

所谓逻辑，就是为了能够在恣意妄为的冲动和机械惰性的正中央顺利掌舵前进所需要的指针，也可以称之为“中庸之道”。因此，重视逻辑并不会让人变得非感性和机械性，反而可以帮助人类摆脱潜意识中的惰性，清晰地认识到自己的自由意志。由此可见，无论多么重视逻辑，都不会使你的立场变得不平衡。

“帮助他人”本该是人人皆有的本能，而如果你吝于对人出手相助，喜欢侮辱他人，结果你将成为一个“无法自爱”的人。不“赠人玫瑰”，手中又怎会“留有余香”呢？现在这个情况实在是太严重了。

何谓逻辑

## 名为“社会性懈怠”的现实

如果想要搞清楚某个概念，想想其反义词，或是与其对立的概念，也不失为一种有效的办法。

等到了“艺术”这样稍微复杂一点的概念的时候，我们又不得不考虑，艺术的对立概念究竟是什么呢？“逻辑”也一样，与逻辑相对立的概念是什么呢？如果不认真思考的话恐怕很难得出答案。

那么，逻辑的对立概念究竟是什么呢？

这还用说吗，“逻辑”的对立概念当然是“非逻辑”了。轻视逻辑，这一定就是逻辑的对立面。

但是，除了“非逻辑”这一带着负面色彩的表述之外，我们还有其他几种用来表达与逻辑对立的，或是超出逻辑范围的思考和态度的词语。下面我们来试着列举一下。

“感情”“直观”“启发法”“主张”“独断”“事实”“经验”“实践”“神秘”……

就算不太认真想，随便列举，都能列举出这么多逻辑的反义词或是对立词。这些词语有多少，相应地，就意味着“逻辑”具有多少种侧面。

如果我们对这些被列举出的种种“非逻辑”词汇一一进行考虑，应该就能够看清逻辑的本质。

首先，从心理角度来看，与“逻辑”对立的是“感情”和“情绪”。心理归心理，如果从理性角度来说，逻辑的对立面则是“直觉”。经常有人说：“虽然我脑子里都明白（在逻辑上很明白），但心里有一道坎却怎么也过不去。”“比起理论（逻辑），靠直觉思考要来得更快捷。”

一方面，感情和直觉扎根于人类的本性，它具有一种遵从个人原本就具有的自然冲动的保守倾向。所以，遵照感情和直觉而下达的判断，往往会基于旧的价值观、习俗、个人偏向及体质习惯，而缺乏独创性和革新性。另一方面，逻辑会强制从外部对个人的内心施加压力，从而能够发挥其打破惰性和老旧观念的革新性和未知的力量。

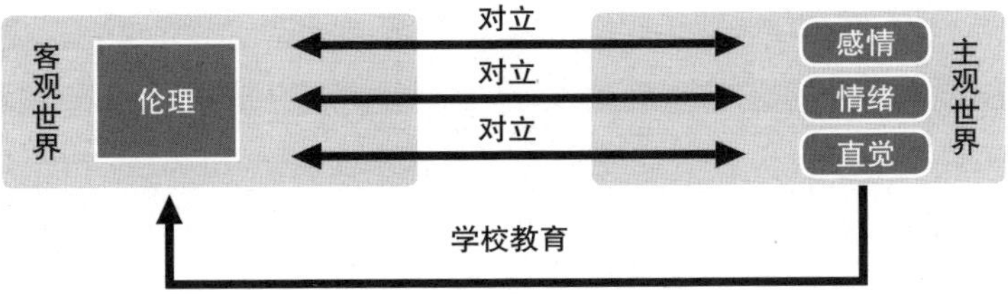


客观世界与主观世界

# 03 解决问题的方法不止逻辑一种

## 逻辑与灵感

### 光环效应

不用别人教，我们天生就可以自主驱使感情和直觉。这在狗、猴子等动物之间也是共通的。升入小学后，人将第一次接受由人类独特的“逻辑”步骤而形成的思维训练，并受到强烈的文化冲击。

在小学学习数学计算时甚至会感受到暴力性的感动和冲击，并对这个支配着世界且不受自己控制的客观系统感到压倒性的惊愕，不过时至今日，当年的冲击和惊讶恐怕早已被我们忘却了。名为客观逻辑的方法论已经超越了情绪和直觉这类有限的个人能力。

小学生在了解了“逻辑”之后，也并不意味着会抛弃其原有的感情与直觉。在日常生活中感情依然是行为的主要动机，当理性地解决问题时，也会并用逻辑与直觉。在小学阶段，直觉会起到更大的作用。进入中学之后，则要开始学习新的“逻辑”技巧——将未知数设为 X，只要按照方程式步骤就能自动得出 X 的解。这个技巧在小学是不会教的。这也许是因为小学生的逻辑理解能力还没有发达到能够理解未知数 X 的概念。

因为大人们已经习惯了逻辑思维方法，所以不管是面对鸡兔同笼问题还是相遇问题都会觉得用一元一次方程式来求解会更简单一些。小学的算数方法，针对每个问题都必须下新的功夫，反而会更难。但对于那些初入逻辑世界的小学生来说，算数这一“适当的逻辑”的略为临场而直观的解题方式要更容易理解（但是这还有讨论的余地，说不定从小学一年级就开始教他们学方程组还能理解得更快一些）。

小学生所学的逻辑主要限定于计算问题，诸如加减乘除这类的演算，只要按部就班就一定能解出答案。但是对于由文章组成的应用题，在运用计算这一逻辑脉络之前，还必须要依靠直觉（灵感）来决定解题方式。

灵感，指的是做一做辅助线；运用巧妙的比喻或类比；通过估算来判断大致的范围；改变切入点，将图形或图表颠倒着看；以类似的例子作为线索等，通过这类试错来取得意识上的收获，时而还会出现像牛顿因苹果从树上坠落而产生有关万有引力的灵感这样的逸事。

为了解决问题而系统性地获得灵感的方法，在心理学或教育学中被称为启发法。算法则是一种只要按照加法乘法中固定的计算步骤来进行运算一定会得出答案的方法，启发法中则不存在这些教科书式的特定步骤。往坏了说，启发法就是一种临场应付的方法，它不会从正面进行解答，而是通过“节能”方式来获得正解。

**小知识**

启发法（Heuristics）：就像“由灵感获得解答”一样，为了得出正确结论甚至还会采用不恰当的方法。虽然它经常是一种捷径，但并不能保证这种解法一定是完全正确的。与此相对，通过计算确确实实地获得正解的步骤叫算法。

算法相信的是逻辑的客观性，与此相对，启发法则依赖于人脑灵活的可能性。算法是可靠的，相应地其计算步骤就更多，需要费更多工夫。而启发法则经常能够提供简单快捷的解法，但不能保证能获得完全正确的答案。

如果问题比较简单，或者你的计算能力非常出众，那么选择算法会更稳妥一些。如果用电脑软件去处理将棋残局，其得出正解的速度会远快于职业将棋手，这是因为将所有步骤一个不漏地进行计算的“穷举法”的逻辑在将棋残局中是有效的。

## 算法与启发法

也有不少时候，比起脚踏实地按部就班进行解答的算法，选择借助直觉走捷径的启发法要更为高明。其中，高斯的例子较为出名。

在高斯10岁的时候，小学老师给班上学生布置了一项课堂作业：“把从1到100的数全部加起来。”趁学生们在拼命计算之时，老师刚想抽一支烟，没想到高斯立马就答出了正确答案“5050”。

高斯的解法是：1+2+3+…+100=101×100/2=5050。因为1+100=2+99=3+98=…=50+51=101，像这样只是改

了改数字的排列方式，计算所需的劳力就大幅下降了。

值得注意的是，一旦通过直观的灵感发现了这一解决方法，它就会作为“算法”被记录在大脑里，获得“逻辑性解答法”的地位。高斯的这一计算法，不仅能运用于从 1 ~ 100 的计算，作为一种逻辑性步骤，它还可以运用于 0 ~ 100 的所有偶数之和的运算，或是 1 ~ 999 的所有奇数之和的运算等多种多样的场合中。

**小知识**

逻辑算法的操作一：“两辆列车正以每小时 20 英里的速度相向行驶，假设有一只小鸟在两辆列车之间以每小时 30 英里的速度往复飞行。假设两辆列车出发时相距 1000 英里，直到小鸟被迎面相撞的两辆列车夹在中间时，小鸟的总飞行距离是多少？”

让我们来看看启发法的另一个例子，并对下述问题进行思考。“有四张扑克牌，两张黑，两张红，并都以背面朝上的方法摆放。同时随意翻开两张后，请问它们同色的概率是多少？”

这个问题只要运用穷举法一定能得出答案。把四张牌各自标注为红 1、红 2、黑 1、黑 2，进行组合并一一列举出来。红 1 红 2、红 1 黑 1、红 1 黑 2、红 2 黑 1、红 2 黑 2、黑 1 黑 2——共有上述 6 种组合，因为其中只有红 1 红 2、黑 1 黑 2 这两种组合是同色，所以正确答案是三分之一。因为这是一种利用穷举法能够确确实实得出答案的解法，所以它是一种算法式解答。

这个解法很可靠，但有些费时间。如果我们按照下面这种方法就能迅速得出正确答案，即搞清楚一点，就算我们把“同时翻开两张”这个条件改为“先翻开第一张再翻开第二张”，概率也不会发生变化，因为时间差不会影响问题的主旨。这样一来，不管第一张翻出什么，剩下三张牌中同色的只有一张，而异色的则有两张，所以颜色一致的概率是三分之一。

**小知识**

逻辑算法的操作二：面对上页中提到小鸟在两车之间往复飞行的问题，冯·诺伊曼立即回答道：“750 英里”，出题者则感叹道：“不愧是诺伊曼老师，普通人都要把小鸟的往复路程进行一一计算并全部累加起来啊。”诺伊曼歪了歪头，说道：“……可我也是这样做的啊。”看来超一流的数学家不仅会利用启发法，在这种拼硬实力的逻辑算法的操作上也十分快捷。

## 05 逻辑与直觉双管齐下，处理问题会更加顺利

### 非存在证明

算法（逻辑）与启发法不仅仅是二选一的竞争关系。一般情况下，在一个证明之中，算法和启发法会同时存在。接下来让我们来看看其中的代表例——“不存在最大的质数”的证明。

质数指在大于 1 的自然数中，除了 1 和该数自身外，无法被其他自然数整除的自然数。那么，最大的质数是否存在呢？也就是说，是不是当自然数变大到一个界限之后，质数就不会再出现了呢？这个问题虽然非常单纯，但其难度也超越了人脑的性能。不管一个人再聪明，都无法靠直觉想出正确答案。

此时，我们就要运用一种逻辑算法——“反证法”（见第

4 章第 12 小节）。在运用反证法时，先将我们要证明的命题 A 进行否定，并假设此否定命题成立，然后推理出明显矛盾的结果，从而下结论说原假设不成立，最后得出命题 A 为真。于是，为了证明最大质数不存在，我们就应对其进行否定，假设“存在最大质数”。

我们将此最大质数表示为 N。再假定一个数 M，它具有如下性质。

$$M=(1\times 2\times 3\times 4\times \cdots \times N)+1$$

从这个等式来看，M 要比 N 大。因为 N 是最大的质数，所以 M 理应不是质数。因为它不是质数，所以我们可以对其进行整数分解，表示如下（整数分解即对乘法算式进行分解，直到算式中的每个乘数都被分解为质数为止）。

$$M=a\times b\times c\times d\times \cdots \times z$$

从 M 的性质来看，当它被比 N 小的自然数所除时，余数一定是 1，所以从 a 到 z 的所有质数一定都要比 N 来得大。但这个推理和“N 是最大的质数”这一假设是相矛盾的。没错，这个时候我们就可以知道，“存在最大质数”这一假设是错误的。

## 逻辑和直觉相结合才能够完成证明

假设如果“A”那么“B”成立，当出现“B”不成立这一矛盾时，就可以反过来推断“A 不成立”。此反证法也属于“逻辑”，其论证步骤还可运用于不在场证明——“如果他是犯人，那当天他应该出现在了犯罪现场。但那天他并不在现场，因此他不是犯人”。

质数问题的证明在整体上都遵循了逻辑算法，但在其中两个关键的地方则依赖于启发法。各位知道具体是哪两个关键点吗？没错，第一点就是 M 的等式构成。为什么会把 M 规定为（1×2×3×4×…×N）+1 呢？这无法用逻辑算法来决定。

第二点在于，究竟为什么会选反证法来作为证明方法呢？也许是因为我们从一开始就预料到“不存在最大质数”，所以才试图从其否定形式中推导出前后矛盾的结果吧。从最开始就准确地（尽管根据十分薄弱）对真正的结论进行预想。这并非逻辑，只能称其为直觉，或是灵感。

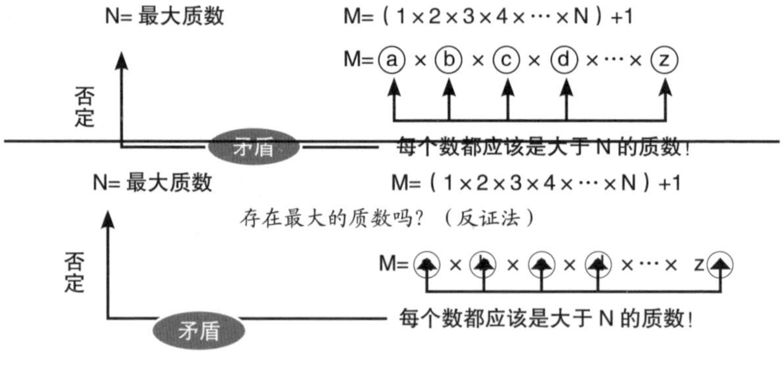

存在最大的质数吗？（反证法）

## 逻辑与独断

作为“逻辑”的对立概念，上文中介绍了“直觉”和“启发法”，除此之外，还有许多通过和“逻辑”进行对比之后能够帮助我们看清逻辑本质的概念，“独断”就是其中之一。

一般而言，“独断”的反义词应是“怀疑”。坚信自己的信念之正确，并付诸行动，这是“独断”；与此相对，认为“自己可能是错的”“对方的言论可能合理”，通过这种客观视野来解明真相的态度则是“怀疑”。

有时候，独断的人坚信的不仅仅是自己的正确，还可能觉得“因为那是老师说过的”“因为那是家长说过的”“因为那是有权威的学者说过的”“因为名著里是这么说的”“因为一般社会都认可”，自己不做思考就囫囵吞枣式地盲目推崇，这就是“独断”。而充满怀疑精神的人，不管一个假说看起来是多么的正确，也不会不问缘由就轻易相信；相反，他们会保留意见，认为其依然可能存在错误，时刻做好根据证据来改变自己想法的准备，这就是为什么我们说“君子豹变[①]”。

逻辑就是怀疑精神的结晶。因为它不相信人类的直觉，不管一个事物看起来多么正确，也要根据逻辑算法来进行判断。

## “基于偏见的推理”和“基于理智的推理”

当我们主张说“晋升为销售部长的人不应该是田中，而该是吉冈”时，这里还不存在“逻辑”。那我们提出根据——“晋升为销售部长的人不应该是田中，而该是吉冈，因为女性不适合担任管理职位”。因为根据和结论产生了关联，这时，“逻辑”就出现了。但是，这个推理乍一看，是建立在偏见之上的。通常来说，推理将比结论更为确切的事项作为依据而引导出结论的，和“晋升为销售部长的人不应该是田中，而该是吉冈”这一结论相比，“女性不适合担任管理职位”这一根据反而让人觉得更不“确切”。当“根据”比结论还要可疑时，我们就会称其为“基于偏见的独断”。

① 指人应当如豹子一样，迅速地根据事实变化而做出反应。

**小知识**

推理——我们将由根据导出结论的过程称为“推理”“论证”或“证明”等。那么怎样的推理正确，怎样的推理又不正确呢？将此判断过程系统化的，正是逻辑学。

但是，“晋升为销售部长的人不应该是田中，而该是吉冈，因为女性不适合担任管理职位”这句话毫无疑问也属于推理。从形式上看，“……（结论），因为……（根据）”是借助根据来证明结论的句式。也就是说，它并非单纯的判断式“逻辑”，这也是“独断和偏见”这个组合关系融洽的原因。实际上根本不能算是依据的根据以偏见的形式出现后，单纯的独断也能变成逻辑推理的结论。

“晋升为销售部长的人不应该是田中，而该是吉冈，因为没有现场经验的人不适合担任管理职位”——接下来我们来考虑一下这个推理。因为它并非偏见，而是建立在理智基础上，所以看起来像是一个健全的推理。但就像我们看到这个推理就能立刻做出判断一样，它和之前的“因为女性不适合担任管理职位”的推理在形式上是完全一致的。从“逻辑”角度来看，这两个推理都是同等的，它们的差别在于逻辑以外的方面（根据的内容）。

如果我们认为，命题 P“没有现场经验的人不适合担任管理职位”是理智的，命题 Q“女性不适合担任管理职位”则是偏见，会产生这种感受上的分歧应该是有原因的。我们来试着以 P 和 Q 为结论分别做两个推理，这次我们的根据要比结论来得可靠，就像这样——“P，因为 A”“Q，因为 B”。接下来再以同样的方式将 A 和 B 作为结论继续推理，以此类推。最终如果存在至少一种推理联系，它的根据非常明了，谁都无法否定。这时，我们才能真正证明最初的那个推理是理智的。

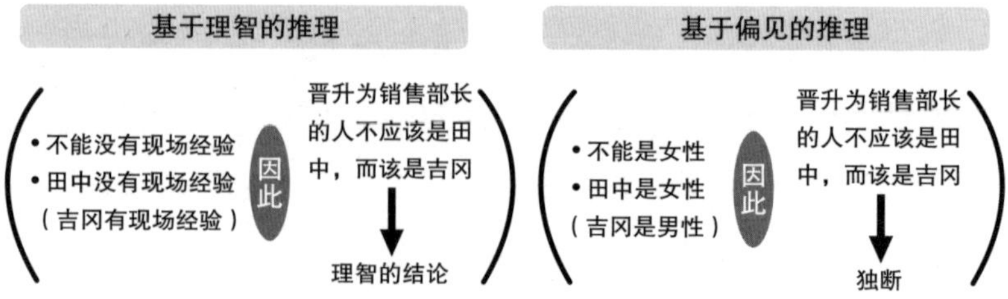


“基于理智的推理”与“基于偏见的推理”

# 07 逻辑的反义词是『事实』

## 逻辑的对立概念

至今为止，我们介绍了“直觉”“启发法”“独断”这三种与“逻辑”相对立的概念，其实还存在更为重要的概念，那就是“事实”。在逻辑学和哲学中，“事实”才是“逻辑”真正的对立概念。

可能有人会感到意外，“事实”和“逻辑”难道不都是正确思考所必需的两大要素吗？那么，事实和逻辑究竟为什么是互相对立的呢？

逻辑必须是确切的程序，不能被类似“在这个世界上碰巧成立的东西”这样偶然的事务所左右。比方，不管日本的首都是东京还是福冈抑或是仙台，逻辑都要负责确保这件事情成立。因为让不知道日本首都是哪里的人、不知道现在是公元多少年的人、不知道地球外是否存在智慧生物的人等的所有人都能认可的“思维框架”，才是逻辑。只有用特定的事实（内容），对名为逻辑的思维框架进行填充后，真正的知识才会成立。比如，以下逻辑规律——

前提 1：P

前提 2：如果 P 那么 Q

结论：Q

如果前提 1 和 2 都成立，结论就必须成立。这是逻辑学的基本规律。P 和 Q 可以是任意的句子。也就是说，不管往 P 和 Q 这两个框架里套什么句子都可以。举个具体的例子——

前提 1：日本的首都是浜松。

前提 2：如果日本的首都是浜松，那么日本的首都就在静冈县。

结论：因此，日本的首都在静冈县。

这在逻辑上是正确的。但是，如果仔细看其中的各个句子，就会发现前提 1 和结论是不符合事实的。也就是说逻辑学并不在乎这其中的各个句子所陈述的东西是否属实。只要各个句子之间的关系形成了特定的逻辑模型，逻辑学就无从干扰。

简而言之，正确的论证所需的只有下面这一点——“只要前提与事实相符，结论就一定符合事实”。因为对于逻辑学而言，只要整体形式正确，成为其部件或素材的各个前提与结论本身哪怕与事实不相符也无所谓。

| | |
|---|---|
| 前提 1 | 美国的首都是洛杉矶 |
| 前提 2 | 如果美国的首都是洛杉矶，那么美国的首都位于亚洲大陆 |
| 结论 | 因此，美国的首都位于亚洲大陆 |

这三个句子均与事实相违，但在逻辑上依然是正确的论证。它与“P，如果 P 那么 Q，因此 Q”的形式是一致的。

## 经验事实与逻辑真理

因为事实的正确与否会由经验所决定，所以事实经常被称为“经验事实”。巴西的首都在哪里？白宫真的是白色的吗？世界上最早播出的电视节目是哪一年的？这些事实必须要去实地考察或是参照书本，以“经验方式”来进行确认。

**小知识**

经验事实——和只要学习了单词的意义就能辨明真伪的“逻辑事实”相对，经验事实是只能从经验中知晓的事实。比如，“东京晴空塔的景观照明用的都是 LED”，必须通过实物，或是参照书本才能辨明真伪的事实。

对此，“逻辑真理”则不需要靠经验来确认。不管世界的姿态如何，只要“P”和“如果P那么Q”成立，同时“Q”就一定会成立。否定这一点，就意味着否定了用语言表达世界的这一行为本身，也等于否定了交流。

一方面，拒绝通过“P”和“如果P那么Q”导出“Q”的人甚至无法和别人展开争论；另一方面，主张“巴西的首都是首尔”的人，虽然他对事实的认识是错误的，但他并不会否定交流。因为别人可以拿出地图、电视或百科辞典作为证据，用同样的语言对事情的真伪进行辩论。

但也许有人会怀疑，经验事实和逻辑真理真的有很大区别吗？“蜻蜓有六只脚”是经验事实；“左撇子的人是右脑思维，如果你是左撇子，那么你就是右脑思维”，这是逻辑真理。因为判断前者的真伪必须要对事实进行观察，而后者只需要学习遣词就能辨明真假。但是，“蜻蜓有六只脚”这一判断，也可能是具有以下内部构造的判断的缩略形式。

“昆虫有六只脚，如果蜻蜓是昆虫，那么蜻蜓就有六只脚。”

这句话包含每小句之间的联系，很显然它也属于逻辑。但是这里出现的掌管句与句之间关系的逻辑真理，和通过逻辑联系在一起的经验事实（“昆虫有六只脚”“蜻蜓是昆虫”），果然还是存在区别的。

当然，“昆虫有六只脚”也可能是“不存在脚的数量是奇数的动物，昆虫的脚的数量大于四只，小于八只，所以如果昆虫是动物，那么昆虫就有六只脚”的缩略形式。因为我们能够将那些看似是在描述经验事实的句子再细分为有逻辑联系的推理。

因此，对于各个单句，我们无法绝对地分类说这是逻辑真理，那是经验事实。但是，不论怎么分解，逻辑真理与经验事实的相对区别还是存在的。

**小知识**

目的与方法——不存在绝对的目的，也不存在绝对的方法。“乘坐今早八点的巴士”这一行为，既是早起的目的，同时也是在九点之前抵达公司的方法。日常中的所有行为都具有两面性，它们既可以是目的，也可以是方法，相互之间存在着联系。话虽如此，这也并不意味着目的和方法之间的相对区别会消失不见。“逻辑与事实”之间也存在着类似的关系。

# 02
# 从“逻辑”到“逻辑学”

# 01 逻辑学能够决定孰对孰错吗？

## 真与假

“真”“假”是在逻辑学中被用得最多的两个词，但在日常生活中则很少会用到。还有类似“真理”和“虚伪”这样的表述，但感觉说起来太过生硬，尤其是“真理”这个词，总感觉它带有一种宗教性质，听起来十分夸张。

**小知识**

真理——与事实一致的事物，也可表述为“真”。与此相反，与事实不一致的事物则被表述为“虚伪”或“假”。

逻辑学里的“真”与“假”只有“真的”和“假的”这样非常单纯的含义。直截了当地说，当一个命题陈述的东西与事实一致，它就是真命题；当它陈述的东西与事实相违，那它就是假命题。

所有句子都有真假（除了命令句和疑问句，只要是陈述句都有真假）。当然了，也存在真假难分的含糊不清的陈述句吧。就像“他很温柔”这句话，如果不知道“他”是谁就无法确定这句话是真是假。再者说，“温柔”指的是什么呢？是因为他体贴所以“温柔”，还是因为他虽然沉默寡言但十分可靠所以“温柔”？——因为含义模糊，我们无法判断他究竟是否温柔。

逻辑学并不在意这种绝对的事物，也就是说，它并不在乎某个句子它究竟是真是假。假设“他很温柔”这句话为真，这样一来，“他不温柔”这句话就必定为假。像这样，相互否定的真与假之间的关系结构，才是逻辑学所表达的内容。只要确定某个句子为真，和它具有相同意义的句子就永远为真，而它的否定句则永远为假，也就是说，逻辑性只负责保持真与假之间的关系。

### 不管它发生在“什么时候”都没关系

虽然，上文中说逻辑学会把认定为真的句子永远视为真，认定为假的句子永远视为假，可能有人会想，哪怕是同一个句子，时过境迁，会不会真的也变成假，假的也变成真呢？“日本人口不满一亿”这句话在以前为真，现在则为假。“老虎灭绝了”这句话现在为假，百年后说不定就变成了真。

在逻辑讨论中，特定句子的真伪变化基本上不会发生，因为在这之前，逻辑学根本不在乎在“什么时候”对某个句子的真伪进行评价。只要能建立起一个给每个句子都贴上真伪标签的网络就可以了。

比方说，当你认为“日本人口不满一亿”这一句子的真伪会随着时间而发生改变时，就把这个句子当成一种“省略形式”。其实原句可能是“以前，日本人口不满一亿”或“在21世纪初，日本人口不满一亿”，只不过我们将指定时间的句子给省略了而已。这样一来就能决定它们各自是“真”还是“假”，不管经过多久，哪怕是回到过去，真假都永远不会发生变化。因为“以前，日本人口不满一亿”这个句子，不管在以前看还是在以后看，以及从任何时间点来看，它都只能为真。

包括上文中的“他很温柔”，或是类似“制造克隆人是邪恶的”“没有超越贝多芬的作曲家”这类陈述了主观价值判断的句子也是一样的。要先考虑详细的默认设定，诸如“温柔是什么”“这是谁，以何为依据下的判断”等，不管你把这个句子当作真的还是假的都没有关系。当然了，如果需要对价值判断的真伪本身进行检讨，那我们应该要重新进行考虑，在对论证的构造和相互关系进行斟酌时，如果有句子的真伪始终无法确定，那么一般我们会对其真伪进行假设然后继续往下讨论。

# 02 既非真也非假

## 有意义与无意义

逻辑学中，陈述句必须在“真”和“假”中二选一。在面对类似“她是好人”这样含糊不清的句子时，也会假设“她”和“好人”的意义已经被确定了，然后决定句子真假。面对“现在世界人口超过了 60 亿”这类真伪性质会随着时间发生改变的句子时，我们也会假定一个发言时间，然后对真伪进行分辨。判断某个特定句子究竟是真还是假需要通过其他学问（心理学、社会学、历史学、物理学……）进行调查，逻辑学只需要研究“真”“假”这两种概念是如何相互影响，它们之间存在怎样的关系就可以了。

逻辑学中存在无法确定真伪的句子。例如，“60亿人与人口超过世界”这样意义不明的句子。一个句子的最低条件在于它的语法必须是正确的。“60亿人与人口超过世界”在形式上属于主谓句，因为它符合语法，和“的之上是人口60有亿人的世界上”这种只是把文字组合在一起的东西是不同的，我们完全搞不懂“60亿人与人口”这一主语所指的是什么，“超过世界”这一谓语又是什么意思，要在什么场合下这句话才为真。这就是空有句子形式但句意完全不明的无意义语句。

## “这个语句为假”是真，还是假？

“这句话为假”则是另一种无法决定真假的句子。因为主语和谓语的表述都十分清楚，所以它应该不是无意义语句。尽管如此，它仍然既非真也非假。

假设这个句子为真。如果它为真，那它所阐述的东西应与事实相吻合。这样一来，这个句子所阐述的事实就是“这个语句为假”。我们明明假设这个句子为真了，现在它又必须得是假的，这就是矛盾，因此这个句子不为真。

接下来假设这个句子为假。这时候这个句子所阐述的“这个语句为假”反而成了事实。陈述了事实的句子理应为真，结果，明明已经假设这个句子为假了，现在它又必须是真的，这就是矛盾，因此这个句子不为假。

**小知识**

说谎者悖论——既可为真也可为假的语句总与既不可为真也不可为假的“说谎者悖论”成对出现。比如，“这个语句为真”这个句子，不管假定其为真，或是假定其为假，都说得通。虽然并没有产生矛盾，但它也属于广义上的悖论，有时也被称为“真实悖论”或“真实的两难推理”。

这样的句子被称为“说谎者悖论”，有时候它也被当作无意义语句，但它和上文中“60 亿人与人口超过世界”这样意义不明的句子有明显的区别。尽管它不是无意义语句但依旧既非真也非假，从这一点看它反而更加麻烦。因为我们无法弄清它真假不定的原因。

也有人说，像“这个句子……”这样对自身进行描述的“自指”是不是不太好，但类似“这个句子是中文”这样的自指则是完全没有问题的。有关于说谎者悖论的解决方案，在专业语言学家之间也存在意见分歧。

更为棘手的是，我们不一定能够单独地判断某个句子是否属于说谎者悖论。假设太郎在临死之前说了一句话：“次郎临死时说的话是正确的。”这看起来似乎完全没有问题。但是，如果次郎临死时说的话是“太郎临死时说的话是错的”，这时候我们该怎么办呢？这就意味着太郎说的是：“次郎说得对，我的这句话是错的。”“这句话是错的”就变成了说谎者悖论。像这样，会因为语句之外的事实来决定它是否成为悖论的句子被称为偶然性悖论，这对哲学家而言是一个复杂的问题。

假设可以决定真假 ←

- 含糊语句
- 语法错误的语句
- 语法正确但无意义的语句
- 悖论语句（说谎者悖论）

没有真假的句子

# 03 逻辑学中『主语』等同于『宾语』

## 主语与谓语

只有陈述句具有“真”或“假”的性质。陈述句，即主语与谓语以恰当顺序排列的句子。在日常对话中也存在只有主语、只有谓语或是只有宾语的句子，这些句子都是省略句。“猪排饭”指的是“我要点猪排饭”的省略形式，“我也要”是“我也点猪排”的省略形式，“点餐”则可能是“我们已经决定好要点什么餐”的省略形式。

和日常用语更大的区别在于，逻辑学中，往往不对主语和谓语进行区分。主语和谓语都被称为“论元”，而且动词和形容词也没有区别，它们都被概括为“谓语”。

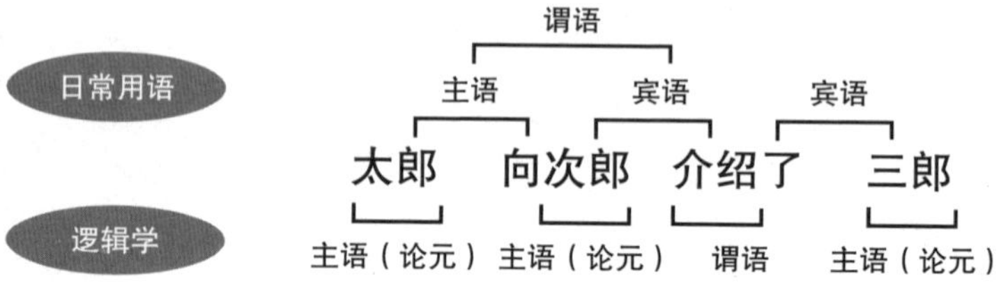


主语和谓语都是“论元”

在“太郎跑步了”中，“跑步”这样只需一个论元的谓语被称为单论元谓语，在“太郎打了次郎”中，“打”这样需要两个论元的谓语则被称为二论元谓语，在“太郎向次郎介绍了三郎”中，“介绍”这样需要三个论元的谓语被称为三论元谓语，在“次郎拜托太郎负责三郎与史郎的调停”中，“拜托、调停”这样需要四个论元的谓语被称为四论元谓语……我们可以以此类推出无数种类的谓语。

**小知识**

单论元谓语与多论元谓语——我们可以根据谓语所需论元的数量“n”而称之为“n 论元谓语”。单论元谓语也称单项谓语，二论元以上的谓语则被称为多论元谓语。

## “红宝石是红色的”“石榴石是红色的”

日常用语中的“形容词”基本上都是单论元谓语。“不及物动词”也是单论元谓语。二论元以上的谓语则是“及物动词”或“表示关系的形容词”。诸如“是某某的家长”“是某某的朋友”“比某某高”这些词都是表示关系的形容词。

可能有人觉得普通形容词中也有二论元谓语或三论元谓语。比如，“红色的”这一形容词虽然是单论元谓语，但在这句话中又如何呢？

**“红宝石与石榴石是红色的。”**

这样看，“红色的”会不会是二论元谓语呢？同理，“祖母绿和绿松石和海蓝宝石都是绿色的”等，普通的形容词是不是也能够变成任意论元数量的谓语呢？

“红宝石与石榴石是红色的”这句话，在逻辑学中，等于“红宝石是红色的，并且石榴石也是红色的”这两个句子缩略后形成的一个省略句。因为当我们将某个表述解释为 n 论元谓语的时候，如果不能统一这个“n”的定义，就无法获得逻辑学所追求的清晰表述。

如果有人固执地认为“红宝石与石榴石是红色的”并非两个句子的省略形式，而是一个句子，那么请你这样想想，这句话中出现的谓语，不只是“红色的”，而是“……和……是红色的”，也就是说它是二论元谓语。因为单论元谓语“……是红色的”与二论元谓语“……和……是红色的”是完全不同的谓语，所以并不意味着同样的“红色的”这一谓语既是单论元谓语又是二论元谓语。只要这样想,就能实现逻辑学的主旨——规避语言的模糊性（有关“红宝石是红色的”这一类语句的构造，请参照第 2 章第 13 小节）。

# 04 为什么命题可真可假？

## 语句与命题

语句具有“真”或“假”的性质。但为什么语句能够为真或是为假呢？一个句子要有怎样的性质，才能从中衍生出真假的性质呢？这在语言学家之间也属于意见不一的复杂问题。在此我们避免过于深入，就来介绍一下“真理符合论”这一最为单纯明了的观点。

语句不仅仅是对语言的罗列，还有表达。当其所表达的内容与事实相一致时，该句便为真。当它与事实不一致时，该句为假。

语句所表达的内容被称为“命题”。“何谓命题”也是逻辑学家与哲学家之间争论不休的难题，总之命题就是语句所陈述的内容，即语句的含义。

**小知识**

命题——语句所表达的内容，即语句的含义。句子本身是由墨水或音波构成的物质，而命题则是复数语句所能够共同表达出来的抽象内容。

“日本的首都是东京”这句话所表达的命题是，日本的首都是东京这一事实。可能有人觉得这样解释等于没说，但句子和命题的区别是非常明显的。句子可能是附着在纸上的墨水，可能是从人类喉咙中发出的空气振动，也可能是电脑画面中的像素排列，抑或是某人脑内产生的神经电信号的类型。也就是说，句子是一种物质，是和岩石或桌子同样的具体对象。

当我们对具体语句进行列举的时候，复数语句可以具有同种含义。现在我运用文字处理软件在电脑画面上写的“水黾是昆虫，而蚰蜒则不是昆虫”这句话，以及最终要被印刷到这本书上的几千个字符串和读了这本书后在你脑内产生的神经脉冲模型，或是念“蚰蜒不是昆虫而水黾是”时所发出的声音，这些东西都具有相同的含义，也就是说，它们都表达同一个命题。所谓命题，就是无数语句共同包含的抽象内容。

### 语句等同于命题吗？

如上文所述具体的语句和抽象的命题，是两种不同的东西，就算不对语句和命题进行严密的区分也不会产生混乱，所以不用太过在意。“水黾是昆虫，而蚰蜒则不是昆虫”这句话表达的命题是“水黾是昆虫，而蚰蜒则不是昆虫”——像这样用同样的表述（名字）来表达命题和语句要更为便利一些。

严密地说，只有语句才可“真”可“假”，但我们也经常使用“真命题”“假命题”这类表述方式。准确来说，表达与事实一致（不一致）的命题的语句才为真（假），但要说“与事实一致（不一致）的命题是真（假）命题”也是没有问题的。

“蝎子有六只脚”是伪命题。这个命题与事实相悖，当然这也并不意味着这个命题是无意义的。虽然它并不是事实，但我们也可以说它和虚构的、虚假的或是可能的状况相一致。无数命题里，只有偶然和现实状况相一致的命题才是真命题。

句子是具体的物理现象。它可能被写在纸上，也可能出现在显示屏里，还可能是脑内电化学模型的激发态，总之它是具有特定位置和形式的单位。对于更具体的、由单独的机会而产生的、被使用的、被理解的句子，我们可以称之为“陈述”来与其他句子进行区分。

**小知识**

有关“真理是什么”的三个代表假说:

①真理符应论——当语句表达的内容实际成立（与事实相符）时，此语句表达的就是真理。

②真理融贯论——语句的各个内容所形成的合理体系中，最大体系（语句的集合）里的各个语句表达的才是真理。

③真理实用理论——只要相信其内容，从大局上看能起到最大帮助、获得最大利益的语句所表达的才是真理。

## 05 不同情境下，同一句话的意义可能发生改变

### 语句与陈述

句子由物质语言的罗列以及由语言所表达出的含义（命题）所组成。陈述就是语言发出者或接收者的内心或周围状况和语句同化之后的产物。

虽然称之为“陈述”，但不一定都是实际发出声音的句子。不管写成文字，还是莫尔斯电码，只要在特定机会以有效形式（哪怕只有一次）被使用的发言都是“陈述”。

“之前受了您不少照顾，所以过一会儿我想登门表示感谢。”这句话所表达的命题当然是：“为了表示感谢待会儿我将登门拜访。”但是如果不单单停留在这个句子上，同时把这

个句子被使用时的状况（发言者是谁，何时发的言）一并考虑后，也许就会表达出一个完全不同的命题。

假设这句话的发言者是刚出狱不久的暴力团体成员，发言的对象是过去将他告发的受害者，这句话的含义将变得迥然不同。也就是说，它的实际含义可能跟字面意思不太一样，而意味着：“待会儿我就要来报复你，你等着瞧吧。”

除此之外，“今天很热啊”这句话则可以表示“请打开窗户”的请求，“这周五不用上班”也等于告知对方“这周五有空约会”。

上述的例子是用来表达讽刺或比喻、委婉的命令或疑问这类时使用的。

除此之外，假设你用手指向派对会场的一个角落并向朋友说道：“在那里和红衣服女人聊天的身材高挑的男人是我的直属上司。”但如果和上司聊天的是一个长头发的男人，这种情况下，你发言中所形容的“在那里和女人聊天的身材高挑的男人”并不存在，此时你的发言为假。

但作为陈述，你的发言对信息传递起到了帮助，没有任何障碍，也许可以被视为真命题。因为从远处看，有可能会把上司的聊天对象看成女人，所以朋友可能并不会对你的发言产生疑问。

**小知识**

语句与陈述——语句与陈述的区别是语言哲学中的一个重要议题，但在逻辑学中则无视这一区别。就算逻辑学区别了语句的侧面与陈述的侧面，也不会同时处理它们各自的含义（字面意思和实际应被传递的意义），每次只会选取其中的一个侧面，在“一个文字列或声列表达的含义只有一种”这样的前提下展开研究。

## 语句与推理

句子是由主语与谓语组成的一段单独的语言表达。我们将句子的集合称为“推理”。

要想具有被称为“推理”的价值，必须要满足特定的条件。这个特定条件只有一个，就是句与句之间需要用“因此”来连接。

当然，你要用“因此”的同义词“故而”或“所以”也没有关系。由句子 A 和 B 组成的“A。因此，B”就是推理。如果把顺序颠倒，就会变成“B，之所以是因为，A”，这也是推理。

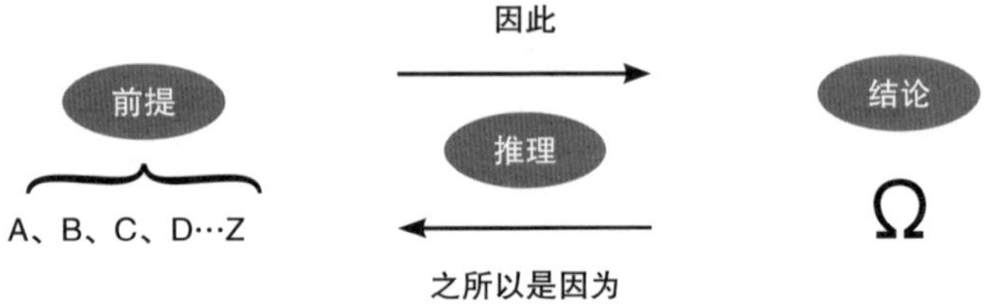


“A。因此，B”（“B，之所以是因为，A”）

“A。因此，B”意味着只要 A 这一事实成立，即只要 A 为真，B 这一事实就必然成立，即 B 也为真。换句话说，只要 A 为真 B 就不可能为假。假设一句话为“只要提交报告，就能获得学分”，如果不省略主语和宾语将其写成一个完整的句子就会变成“如果学生 a 向教师 b 提交报告，教师 b 就会给学生 a 学分”，这句话还能表示为：“学生 a 向教师 b 提交报告。因此，教师 b 给予学生 a 学分。”

在说“如果学生 a 向教师 b 提交报告，教师 b 就会给予学生 a 学分”这句话的时候，“学生 a 向教师 b 提交报告”这件事给人一种假设的感觉。与此相对，如果我们说“学生 a 向教师 b 提交报告。因此，教师 b 给予学生 a 学分”，这里的“学生 a 向教师 b 提交报告”则受到了判定，让人觉得它是一种既定的事实。

但在逻辑学中，“A。因此，B”这一推理中的“A”不管是假设还是确凿的事实都无所谓。因为不管 A 和 B 是真是假，逻辑学重视的都是其内容和形式上的关联。

### 找到被省略的“前提”

在“A。因此，B”这一推理中，“因此”之前的部分被称为“前提”，之后的部分则被称为“结论”。前提可以有复数个，两个也好三个也好一百个也好，“A、B、C、D…Z。因此，Ω”——像这样，只要把前提全部拼接在一起之后，结论就会强制出现的陈述图式就是推理。

在“学生 a 向教师 b 提交报告。因此，教师 b 给予学生 a 学分”这样寻常的推理中，很多前提都被省略了。如果写成完整的推理，应该是这样——

“学生 a 向教师提交报告。对于提交了报告的学生，教师 b 承诺会给予他们学分。教师 b 遵守诺言。因此，教师 b 给予学生 a 学分。”

当然了，不管我们怎么补充前提，都一定会有疏漏。如果学生 a 在提交报告后由于引起伤人事件而被退学，那么教师 b 哪怕想给学分也给不了。一般而言，在日常推理中基本是以这种突发事件不会发生为前提的。

**小知识**

前提与结论——所谓前提，就是为了引导出结论而使用的命题。结论则是运用推理规则由前提所导出的命题。前提与结论由“因此”“故而”和“所以”这类接续词连接。“因此”之前的部分为前提，之后的部分为结论。

# 07 推理的种类是多元化的

## 逻辑性 VS 盖然性

基于对某些命题的信任或暂时性的接受而导出结论命题的过程被称为"推理"（inference）。虽然它和"证明"几乎同义，但"证明"一般是先有结论，带有一种试图将结论正当化的语境。与此相对，在"推理"中，事先不一定能知道结论，包含对通过正确的论证能够引导出怎样的结论进行调查的意义。

一般在说"论证"（reasoning）的时候，由前提导出结论的过程必须是严密谨慎的。如果前提为真，那么结论必然为真。与此相对，"推理"的导出更为粗略，哪怕前提为真，结论也未必成真（"证明"也有这个倾向）。这也是为什么"推理”的含义最为广阔。

这样一来，推理就可以大致分为两种：严密的论证和非严密的推理。严密的论证被称为“逻辑推理”，非严密的推理则被称为“盖然性推理”。前者为“演绎”，而后者则包括“归纳”等概念（见第 2 章第 14 小节）。

逻辑推理被整合为一种定义语言，作为命题的出发点建立起推理的集合，并由固定的推理规则导出无异议定理的演绎体系。数学就是其代表。实际上，要想达成目的仅靠逻辑推理仍不够充分，能够添加和扩大经验信息的盖然性推理也是必不可少的，但盖然性推理并不是受到广泛赞同的推理规则。为了盖然性推理，运用概率的“归纳推理学”也有学者正在研究，但学术体系仍未完成。

不管推理是逻辑性还是盖然性，只要是能导出客观命题的推理都被称为“理论推理”。诸如勾股定理的证明和烟的致癌性的证明。与此相对，当推理导出的结论中出现了“应……”“不应……”和“最好……”这类规范或评价时，我们称其为“实践性推理”。这种推理导出的一般是类似“必须了解勾股定理”或“应限制香烟”这样的结论。

**小知识**

理论推理——如果在说“必须知道这一点”时，所表述的意义是“不知道这一点就无法在考试中合格”；说“应该进行医疗管制”的时候想表达的是“管制可以帮助节约医疗费用”。像这样，因为陈述并非评价而是事实，不属于实践性推理而是理论推理。

**小知识**

实践性推理——较有力的假说认为，一个正确的实践性推理中的结论和前提中必须都含有“应……”“不应……”“最好……”这样的规范或评价语句，也就是说必须含有实践性判断。

无论推理是理论的还是实践的，逻辑学或哲学的工作都是将推理的根据正当化，我们还可以从人类实际上遵循于怎样的“思维法则”这一方面来对推理进行把握。像“亚里士多德主张命题P，因此，命题P为真”这样的“诉诸权威的论证”（第5章第1小节）则是无法正当化的错误推理，但我们在日常生活中不得不接受来自专家、电视、报纸的意见灌输。而对这些在逻辑学中无法被正当化的推理构造的研究，应该是心理学或社会学的工作。

## 推理与理论

语句的集合是推理，推理的集合则是理论，理论是以如下方式形成的——

推理 1：“A、B。因此，C。”→推理 2：“D、E、F。因此，G。”→推理 3：“H、I、J、K。因此，L。”→推理 4……→推理 45：“X、Y。因此，Z。”→推理 46：“C、G、L……Z。因此，Ω。”

在这个理论样本中，首先进行了 45 次推理，以通过之前的各个推理所得的 45 个结论为前提，进行第 46 次推理，得出最后的 Ω 这一结论。只要一步一步地进行推理，哪怕是超越了人类大脑理解范围的究极问题“Ω”也能被我们证明出来。

科学在从核动力到基因的一切领域中所取得的辉煌成就，是试图通过直觉或神秘体验来获得真理的这一宗教态度所绝对无法获得的，而这一切则都要多亏了“推理”。科学谦虚地估算人脑的能力，借助尊重逻辑积累能力的勤奋态度，最终才得以突破人脑的极限。

### 推理“欲速则不达”

刚刚我们介绍的理论样本，是最单纯的例子。实际的理论不会像那样被整理成一条直线，从前一个推理中得到的结论又会变成下一个推理的前提的一部分——像这样，理论的形成是以树木分支的形式凹凸不平地向后推进的。比如，下面这种——

推理 1：“A、B。因此，C。”→推理 2：“C、D、E。因此，F。”→推理 3：“F、H。因此，I。”→推理 4：“C、I、J、K。因此，L。”……→推理 45：“X、Y、C。因此，Z。”→推理 46：“Z、L、F。因此，Ω。”

理论的目的不一定只是导出最终的结论 Ω。可能还有如下类型——

推理 1：“A、B。因此，C。”→推理 2：“D、E、F。因此，G。”→推理 3：“H、I、J、K。因此，L。”→推理 4……→推理 45：“X、Y。因此，Z。”→推理 46：“C、L。……Z。因此，Ω。”→推理 47：“G、L。……Z。因此，非 Ω”（非 Ω 是 Ω 的否定句）。

推理 46 和推理 47 的差别在于：推理 46 的前提中包含 C 而不包含 G，推理 47 的前提中包含 G 而不包含 C；它们的结论截然相反。

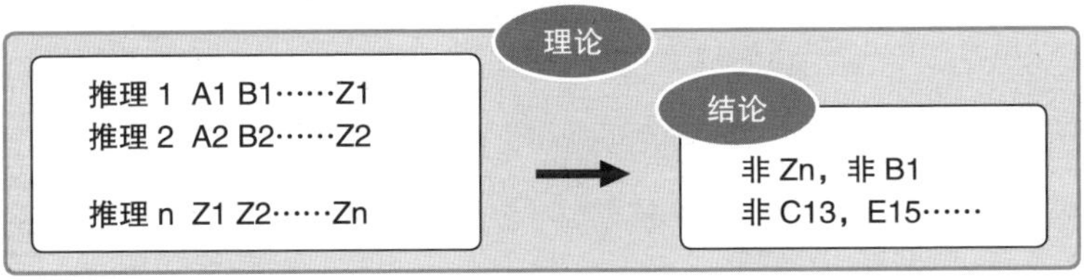


推理与理论的关系

因为相反的结论不可能同时成立，所以推理 46 和推理 47 之中一定有一个的前提存在缺陷。因为差别只在 C 和 G，所以至少有一方是假的。这就意味着，得出结论 C 的推理 1，或得出结论 G 的推理 2 的各个前提中，至少有一个是假的。这样一来，虽然同时得出 Ω 与非 Ω 这两个互相矛盾的结论，但科学家们也不会束手无策，而是向前追溯，从而得出一个新的积极的结论："'A、B、D、E、F' 中至少有一个是错误的。"塞翁失马焉知非福，就算目标落空了，也没有放弃的必要。

# 09 要想开始议论其实还挺难的

## 公理与定理

进行议论的时候，自己和对方之间存在不同意见是理所当然的，但双方意见不可能从头到尾都不一致。因为，如果双方在对所有问题的看法上都无法达成一致，那么从最开始这两者之间就不会发生争论。

比方说，哪怕进行辩论的两个人意见相互对立，一个人认为“卖淫是不好的”，另一个人认为“卖淫并不是不好的”，他们之间也还是存在一些一致的观点。首先，只有当他们在对“卖淫是存在的”和“善恶的区别是存在的”这样的前提持有相同认识时，辩论才会开始。

其次，有关“何谓卖淫”这一点，双方也应该持有一致的意见。因为，如果不站在同一个立场上就没有辩论的意义了。但很多时候，当事者双方都没有意识到这一点，而直接导致了许多分歧产生。很可能争论当事人的其中一方口中的卖淫，指的是遭受人口贩卖而被强制要求的卖淫；而另一方指的则是基于自己的主观自由意志进行的援助交际类型的卖淫。也可能一方指的是伴随性行为的卖淫，而另一方口中的卖淫则是不一定伴随实际性行为的近似性行为。一方口中的“不好”指的可能是不好在“会给他人添麻烦”，或者“降低社会效率”；而另一方认为的“不好”可能是指“违背传统道德观念”。

进行辩论的时候，双方必须确认其对基础词汇的理解是否一致。当双方辩论，一个说“卖淫是不符合伦理的”，一个说“不，这没有问题”。这时如果不对定义进行确认，他们就不会知道双方有关卖淫的定义是否对立，也不会知道双方对于卖淫这一概念的善恶判断是否对立，进而陷入混乱无益的争论之中。

关于辩论更应该注意的是，双方不仅要在词汇的含义上具有相同见解，还需要具备相同的基本知识。其中一方认为卖淫者心理健康遭到毒害，成为犯罪者或吸毒者的概率很高。另一方则觉得卖淫者和其他人相比,其犯罪或吸毒的概率不会更高。在这种情况下，如果不先找到可信的资料对知识进行共享，就永远无法进一步探讨“卖淫的好坏”。

## “公理”无须议论

在议论或构成理论时，作为前提无须议论的语句被称为“公理”。公理就是被保证为真的句子。由几个公理组合而得出的结论被称为“定理”。

**小知识**

公理与定理——公理是在议论或构成理论时，作为前提无须议论的语句。定理则是将几个公理组合后得出的命题，并且后续的推理中可以当作公理来用的东西。

公理是一种定理。比方说，由“卖淫是存在的”这一公理，我们可以推导出“因此，卖淫是存在的”这一理所当然的结论，这毫无疑问也是一种推理，且由于结论只能得出公理本身，所以公理也是定理。反过来说，定理则不一定是公理。

“A。因此，A。”——虽然这个推理的确非常无趣，但连同这个无趣的推理也一并视作一种“推理”，正好体现了逻辑学重视普遍性的态度。

如果要在通常议论中设定公理，一般是“人类是利己的”“意识产生于大脑”这样的单句。就连数学这一门抽象的学问，像“空集是存在的”“直线可以无限延长”这样的单句也能成为公理。与此相对，逻辑学的公理和定理则一定由复数单句通过接续词连接而成的并列句。因为通常的议论和学问主要着重于特定内容，而逻辑学则没有特定的主题，它只对句与句之间编织形成的网络构造本身感兴趣。对各种领域的公理和定理之间转换的本质规则一句一句地进行总结之后，所得出的结论才是逻辑学的公理或定理。

**小知识**

逻辑学的公理（A、B 为任意句）——

如果 A 那么 A 、“A”或“非 A”。

如果“A 且 B”，那么“A”。

如果“任何事物只要具有 F 的性质就是 A”，那么“如果存在事物具有 F 性质，就是 A”。

# 10 『非』不等于否定

## 否定句与否定谓语

逻辑学中有一个极为重要的概念，那就是“否定”。否定在日常用语中经常表述为“并非……”，但要注意它终归不过是句子的修饰词。“非金属物质”和“非人性”中的“非”在日常用语中被认为是否定了“金属物质”和“人性”的词，逻辑学中不会将这类词称为否定。否定只是负责将真变成假、假变成真的副词。

比方说，“日本的首都是东京”的否定为“日本的首都是东京，为假”。这句话似乎有些别扭，再写得容易理解些，似乎可以写成“日本的首都不是东京”。确实，一般写到这种程度就够了，但严密地说，“日本的首都不是东京”并不是逻辑上的否定。因为，“不是”一词只修饰了“是东京”这一谓语，而没有修饰整个句子。

也就是说，“日本的首都不是东京”可以解读为“日本的首都是东京以外的地方”。这其实暗示着日本有首都，日本这一概念是存在的。但是，如果日本和日本的首都还存在，就无法真正对“日本的首都是东京”这句话进行否定。要想不留余地地进行否定，就必须无条件地包含使“日本的首都是东京”不成立的所有情境。也就是说，我们必须要考虑日本这一概念都不存在的情况，以及虽然日本存在，但首都不存在的情况，等等。

这样一来，“日本的首都是东京”的逻辑否定就应该是“日本的首都是东京，为假”。因为一般默认主语所指的东西是存在的，所以将其否定表述为“日本的首都不是东京”也没有问题。但如果没有这个默认的规则，可能就比较麻烦了。

## 真句子的否定一定为假，假句子的否定一定为真

下列句子的否定是什么呢？

“雪女的血型是 A 型。”

很明显，如果将其否定表述为“雪女的血型不是 A 型”是不正确的。假设雪女不存在，我们就不得不承认对其血型的一切描述都为假，不管是肯定句还是否定句都会为假。在逻辑学中我们必须要避免这一点发生，因为伪命题的否定必

须为真。

因此，“雪女的血型是 A 型”的否定是“雪女的血型是 A 型，为假”。如果要表述得更通顺一点，也许可以写成“不存在雪女的血型是 A 型的事实”。这样一来，不管雪女的血型是 O 型还是 A 型或是 B 型，这句话都包含根本的否定意义——雪女根本不存在，所以她也没有所谓的血型。

请试着写出“山本知道第七题的正确答案是 54”的否定形式。“山本不知道第七题的正确答案是 54”——我想各位已经知道不能这么写了吧？因为这个否定仅限于第七题的正确答案是 54 的情况下。为了在第七题的正确答案不是 54 的情况下也能够进行否定，所以必须要写成：“山本知道第七题的正确答案是 54，没有这回事。”

真句子的否定一定为假，假句子的否定一定为真。为此，我们必须要理解否定是作为整个句子的否定，这是逻辑学的铁律。如果发现假句子的否定也为假，就请检查自己的否定方法是不是出了问题。

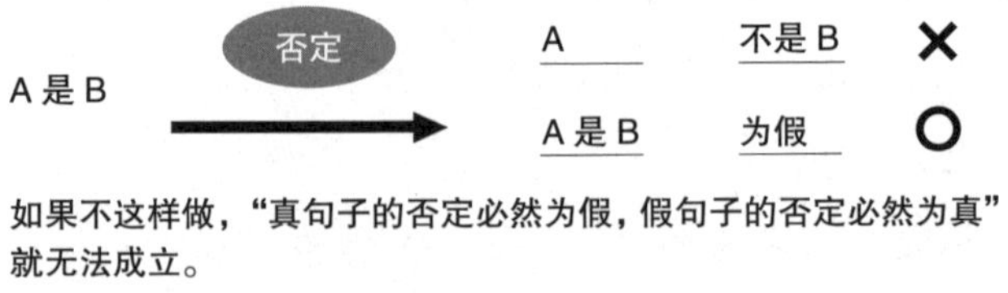


“否定”要修饰整个句子（否定整句）

# 11 如何保持前后不矛盾？

## 矛盾

当某个句子和其否定句同时为真时，我们称这种状况为“前后矛盾”。在逻辑学中，某句话为真，其否定就必须为假。如果在推理过程中出现了矛盾，就必须要回顾推理过程，考虑是哪里出现了问题。

假设我们在进行论证的时候，证明了以下四个句子为真。

A：我属于多数派。

B：计算机模拟的内部生命体拥有意识。

C：计算机模拟的内部生命体的数量比外部生命体多 1 兆倍。

D：我不存在于计算机模拟的内部。

通过A、B、C可以推理出结论E："我存在于计算机模拟的内部。"但这是D的否定句。D的肯定句与否定句同时得到了证明。此时，可以联想到许多原因。

首先，可能是语意含糊不清。如果使用的是"温柔"这样模棱两可的词语，"义雄很温柔"和"义雄不温柔"这两句话可以同时成立。同样地，D（我不存在于计算机模拟的内部）也可能只是在表达"从自身视角来看，自己所处的地方正是计算机模拟的外部"。而E所描述的"计算机模拟的内部"，指的是绝对意义上的，意味着他正处于由自身角度所无法看见的巨大坐标系的"内部"。结果由于"内部"的含义不同，虽然同时出现了否定形式与肯定形式，但实际上并不矛盾。

如果使用的所有单词含义都相同，那D和E之间一定有一个为假。如果E为假，那么推导出E这个结论的A、B、C中至少有一个为假。结果就是A、B、C、D中至少有一个为假。

上述例子被称为模拟论法，是最近哲学议论的简化版本。

**小知识**

模拟论法——"人类一旦进化至超文明之后，一定会展开大规模的计算机模拟。模拟内的生命体具有自我意识，其个体数远超外部具有肉体的生命，因此，如果我们的意识属于多数派，那么这里就是由超文明构成的模拟内部，但前提是在进入超文明之前人类没有灭绝……"

这是一种为了避开矛盾而反复进行的细微调整，慢慢筛选出真正结论候补的战略。在论证过程中矛盾不一定是被忌讳的，有时候也有人会期待它的出现。

# 12 哪怕它没有作用，只要对了就是好的？

## 同义反复

只要用“并”或“且”等表示并列的接续词将两个互相矛盾的句子连接起来，就能够做出一个自相矛盾的句子。

“国际象棋的棋子数比将棋多，而且国际象棋的棋子数不比将棋多”就是一个自相矛盾的句子。像这种“P 且非 P”形式的句子，不管 P 是真是假，都一定为假。因此，只要将“P 且非 P”进行全面否定，做出的句子就一定为真。比如说，“国际象棋的棋子数比将棋多，而且国际象棋的棋子数不比将棋多，这样的事是不存在的”这句话一定为真。

将相互矛盾的两句话用“或”等接续词连接起来后，得到的句子也一定为真。“国际象棋的棋子数比将棋多，或者国际象棋的棋子数不比将棋多”一定为真。形式为“P 或非 P”的句子，无论 P 是真是假，都只能为真。

### 比起没有内容的可靠语句，有用的不可靠语句更好？

像这种和具体内容无关的“一定为真的句子”被称为恒真句。恒真句也有“同义反复”的意思，为什么叫它“同义反复”呢？因为最明显的恒真句的例句如下——

**小知识**

同义反复（tautology）——由于只是对同一内容的反复叙述，结果等于什么都没说。由于什么都没说，也不用担心它为假，而是永远为真的绝对真理。

“国际象棋的棋子数比将棋多，意味着国际象棋的棋子数比将棋多。”

“如果国际象棋的棋子数比将棋多，那么国际象棋的棋子数比将棋多。”

像“P 是 P”和“如果 P 那么 P”这样对同一语句进行简单重复之后，整体句子一定为真。因为，在被假定为“P”的情况下，“P”是一定成立的。这与“P”在“实际上”是真是假没有关系。

如此，在任何情况下都只能为真的恒真句有多种形式。

“如果P那么P”“P或非P”“P且非Q为假”“P且Q，那么P”“P且Q，那么Q”“如果P且Q为假，那么非P或非Q”“如果P或Q为假，那么非P且非Q”“如果P那么Q，且如果P那么Q”“如果P那么Q，或如果非Q那么非P”“P或Q，且如果非P那么Q”“P且Q且R，那么P”……我们可以举出无限个例子。

恒真句是必为真的绝对真理，这样看它好像非常难能可贵，但仔细想想就会发现它基本上都是同义反复，结果等同于什么都没说的无内容语句。虽然“明天可能晴或不晴”是真理，但它却对我们起不到丝毫作用。如果有人告诉你“明天不晴”，那你还可能去做相应的准备，这个预言虽然未必可靠但也给到了一定帮助，但这同时也意味着它与事实相违的概率很高。一个句子阐述的内容越积极、深刻，就应越让我们感到震惊，它为假的风险也就越高。因为信息量的丰富程度和信息的可信度成反比。

## 13『鲸鱼靠肺部呼吸』是错误的

### 深层与表层

逻辑学语言和日常用语的区别在于，逻辑用语不存在“深层”；反过来说，也不存在“表层”。像这样，没有深层与表层之分，有关“真”的含义全都浮现在表面的词语才是逻辑学用语。

日常用语存在表里之分。比如，“太阳在微笑”实际上指的是“阳光很温暖”，“山田是个异想天开的人”实际上意味着“山田的思考方式过于乐观了”，比喻句和讽刺句的字面意思和实际含义各不相同。

而且，更根本的一点在于，日常用语在表示比喻、讽刺和夸张之外的情景时——哪怕用的是“和字面意思一致”的词，其表面含义与实际含义也经常存在差异。

理科课上如果老师说：“鲸鱼用肺呼吸。”所有人都会认为这句话只有字面含义。数学中“偶数可以被 2 整除”这一表述也一样，它既不是比喻也不是其他任何夸张之类的表达方式。

但从逻辑学角度来讲，上述两句话的表层与深层含义均不相同。用逻辑学的语言表示同一件事情时，必须使表层和深层相一致，也就是说它们各自必须要变成这样——

“不管是什么，只要它是鲸鱼，它就会用肺呼吸。”

“不管是什么，只要它是偶数，它就能被 2 整除。”

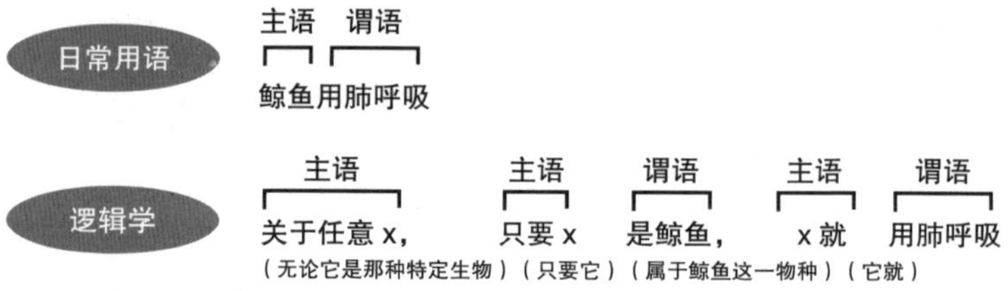


“鲸鱼用肺呼吸”

在日常用语中原句的主语分别是“鲸鱼”和“偶数”，但从逻辑学角度来看，真正的主语其实是“不管是什么”，也就是“任意的事物”。

## 叙述时如果不加省略会是什么样子？

关于这一点，只要考虑下面这一点就会非常明了——“鲸鱼”这个单词实际上是用来表达什么呢？当然不可能是指某只特定的鲸鱼。但是“任意的鲸鱼”这一物种在物理上并不存在，不管你怎么找，存在的都是一只只特定的鲸鱼，因为并不存在所谓的“任意的鲸鱼”。所以，如果硬要说的话，“鲸鱼”一词所表示的是被称为“鲸鱼”的动物种族。

因为种族是抽象的概念，或者说是一种集合的概念，所以你也不能说种族用肺呼吸，这是不正确的。毕竟用肺呼吸的只能是各个活着的动物。这样一来，从逻辑上就能看出“鲸鱼用肺呼吸”其实是一种不正确的省略语法。如果不进行省略直接陈述其深层构造，就应该是：“不管是哪种特定的生物，只要它属于鲸鱼这一物种，它就用肺呼吸。”

偶数的例子也是一样。因为“偶数”指的是每个数的性质或是集合，所以性质和集合是不能被 2 整除的，能被 2 整除的只有各个数字。这样看，“偶数能被 2 整除”的真正主语、深层的逻辑主语并非“偶数”。“偶数”反而是谓语，主语则是“不管是什么”。如果不加省略就会变成：“不管是哪个特定的数，只要它是偶数（的一员），就能被 2 整除。”

在面对“有鲸鱼会攻击人类”和“存在能被 7 整除的偶数”等表述时也必须按照上述思维方式进行思考。无论是在描述特定的鲸鱼个体，还是鲸鱼这一整体，袭击人类的总不可能是鲸鱼这个物种，所以“有鲸鱼会攻击人类”这句话正确地说应该是“袭击人类，且为鲸鱼的动物是存在的”。偶数本身也不可能被 7 整除，所以“存在能被 7 整除的偶数”这句话的逻辑上的正确表达是“能被 7 整除，且为偶数的数是存在的”。

# 14 如何扩充新的知识？

## 演绎与归纳

“演绎”是从一组前提中，遵循严密的推理规则导出结论的推理。说到“逻辑推理”时，一般指的就是演绎。

有关推理规则，没有绝对的限制说它一定要是怎样的。如果规定“只要前提中出现了一个否定句，结论就要是其肯定形式”，就会得出“所有人类都将死亡。太郎不会死。因此，太郎会死”这样奇妙的推理。尽管如此，只要严密地遵守规则，它就属于演绎推理。因为演绎和推理规则都是相对的。

但一般来说，就像“所有人类都将死亡。太郎不会死，因此，太郎不是人类”这个推理一样，我们会想要设定一个逻辑规则，规定只有得到直观认可的推理才是妥当的推理，尤其当前提为真的时候，我们会希望设定一个推理规则使结论绝不为假。在这种体系中拥有最丰富的定理的逻辑被称为“标准逻辑学”。

**● 将演绎作为特殊的归纳进行解释**　　（ ）为归纳表现

人类将死（100%的人类都会死）
太郎是人类

**因此**

太郎会死

**● 将归纳作为特殊的演绎进行解释**　　（ ）为演绎表现

90%的日本人能活到 70 岁　（随机选取的日本人活到 70 岁的概率为 90%）

太郎是日本人　（太郎是随机选取的日本人）

**因此**

太郎也许能活到 70 岁吧　（太郎活到 70 岁的概率为 90%）

演绎与归纳

标准逻辑学的演绎推理规则如下——

| | | |
|---|---|---|
| 如果 A 那么 B。 | A。 | 因此，B。 |
| 如果 A 那么 B。 | 非 B。 | 因此，非 A。 |
| 如果 A 那么 B。 | 如果 B 那么 C。 | 因此，如果 A 那么 C。 |
| 如果 F 那么 G。 | A 为 F。 | 因此，如果 A 那么 G。 |

因为演绎只能在推理规则的制约下获得结论，所以不会获得超出前提范围内的新信息。话虽如此，由于人类的洞察力是有限的，有时候从明了的前提通过演绎是可以获得出乎意料的

结论的。反过来说，如果前提太过模糊，进行演绎推理之后还可能获得明显不合理的结论。此时就可以证明是前提出了问题。这种证明法被称为“反证法”（第 1 章第 5 小节），反证法之所以具有实用性，是因为从演绎系统的结构来说，假的结论只能从假的前提中获得。

演绎以外的推理，即可以获得前提中所不包含的信息的扩张性推理，总称为“归纳”。从狭义上讲，统计类推也被称为归纳。当我们知道“红色果实 a 很甜，红色果实 b 很甜……”这样不断类推下去之后，就能得出“这个红色果实 z 也很甜，或者红色果实都很甜”的结论，这就是统计类推。

**小知识**

归纳逻辑学——和演绎逻辑学一样没有明显的真伪，是一门基于证据的“确切”的逻辑学。“概率逻辑学”试图通过演绎方式展开归纳逻辑学。

## 演绎与归纳密不可分

在进行归纳时，哪怕前提为真，得出的结论也未必是真的。也就是说，它是不可靠的推理，但没了归纳推理我们也无法生活下去。因为在归纳推理中，哪怕前提为真，结论为真的概率也并非 100%，所以学者们努力地通过概率研究使归纳推理变得严密谨慎。

这样想来，一方面，可以将演绎看作是一种当前提为真时，获得的结论也为真的概率是100%的特殊归纳。研究演绎推理的普通逻辑学也是至今尚未完成的归纳逻辑学特殊的一部分。另一方面，还可以将归纳看作是省略了一部分论证过程的不完整的演绎。因为我们随时可以为了让前提为真时结论也绝对为真而进行调整，例如，增加前提数量，或将结论说得保守一些。

也就是说，演绎与归纳并不是截然相反的两个推理法，而可以将它们看成一个统一的整体。但就理论而言，将二者分开讨论的确要更为便利一些。

# 15 本不该错的东西为什么错了？

## 悖论

悖论还被译为“反证”“反论”“二律背反”，是一种在无异议的前提下，通过无纰漏的推理，得出各种奇怪的结论的现象。获得的奇怪结论可以大致分为以下几种：

①出现逻辑矛盾

“我现在正在说谎”这句话真的是谎言吗？如果真的是谎言，那么如这句话所说，它是假的，既然是假的，因为这句话没有说错，所以这句话是真的。最终我们得出一个既是真也是假的结论……

②导出的结论明显为假

“从山上拿走一粒土，山依旧是山。从剩下的山上再拿走一粒土它仍旧是山……”当这个推理被反复进行之后，就会得出当土被全部拿走后哪怕只剩一块平地它也依旧是山的结论。平地怎么会是山呢？这明显是错误的……

③导出的结论与直觉相反

认为自己属于多数派的判断是合理的，如果将来大多数的“心”都被创造于人工模拟中，那么“我们也是由人工模拟创造出来”这一判断也将变得合理……

在例①中包含着许多由自指（见第 2 章第 2 小节）而产生的逻辑性的、语义学上的悖论，这表明了许多前提虽然乍一看没什么问题，但实际上是存在缺陷的。在说谎者的例子中，对“我现在正在说谎”这句话的真假进行定义的这一行为本身就是错误的。

而例②则告诉我们，由于推理中隐藏着模糊用语及恣意的限制，所以看似妥当的推理其实也可能存在缺陷。

例③则表明，自然科学的争论中经常出现的看似不合理的结论其实基本上都是真的。“因为我把自己代入了女主角，所以我希望她过得幸福，但我又讨厌幸福结局”——像这样看似矛盾的心理困境（仔细想一想其实这并不矛盾）也属于例③的变种。

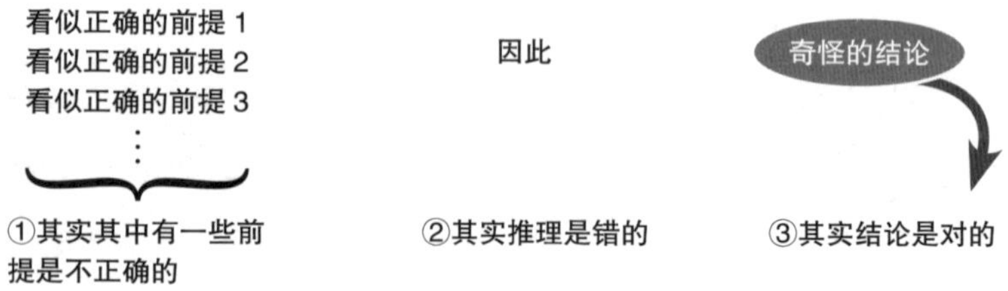


正确的前提 + 正确的推理 ⇒ 奇怪的结论？

## “费米悖论”的解决方法是什么？

悖论能使我们意识到自己身上隐藏着的无知与混乱。让我们来想一想至今尚未解决的“费米悖论”。根据哥白尼原则可知，地球是一个普通的行星。地球人不是最初且唯一的智慧生命。比我们先进了几万年的宇宙人早就扩散在银河系之中，也应该到访过太阳系。但是地球外却没有任何人工制造物的痕迹……如果以上述例①的方式来解决这个矛盾，方案应该是“哥白尼原则是错的”“文明注定是短暂的”，例③式的解决方案为“行星间航行在原理上是不可能实现的”“我们只不过尚未发现邻近的人工制造物罢了”。根据生物进化论的“人择原理”得出的例②式的解决方案则是：“地球既是普通的，也是唯一的。”

当我们事先不知道问题所在时，悖论一般是必然会产生的。但也存在许多为了对“空间”“证据”“自由意志”或“善恶”这类特定概念进行批判、提炼或议论而被人为创造出来的悖论。

| | |
|---|---|
| ~（逻辑非） | ~P（非P） |
| ∨（逻辑或） | P∨Q（P或Q） |
| ∧（逻辑与） | P∧Q（P且Q） 也写作P&Q |
| ⊃（蕴含、条件） | P⊃Q（如果P那么Q） |
| ≡（当且仅当、等价） | P≡Q（当且仅当P则Q） ※与（P⊃Q）∧（Q⊃P）相同 |
| ∃（存在量化） | ∃xF（x）[存在x使F（x）为真] |
| ∀（全程量化） | ∀xF（x）[所有的x都使F（x）为真] |
| □（必然） | □P（P必然为真） |
| ◇（可能） | ◇P（P可能为真） |

逻辑符号

# 03
# 学习逻辑学规则

# 01 首先要理解数的函数构造

## 函数

我相信各位都在学校学习过“函数”。所谓函数，就是从某个数算出另一个数的操作。说到“函数”，很多人可能觉得它只是数值之间的操作，但一般来说“函数”指的是一种对应关系——当某些事物发生改变时与其对应的事物只有一个。尤其在逻辑学中，这种对应关系还可自由地运用于数值以外的人、物、动物或抽象概念。

**小知识**

函数——当某些事物发生改变时，与其对应的事物只有一个，这种对应关系被称为函数，我们还可将其表示为 $y=f(x)$。

首先，我们先复习一下数与数之间的函数关系，其表达方式如下——

$y=f(x)$

当指定一个数为 $x$ 后，与其对应的 $y$ 只有一个，这一操作 $f$ 就被称为函数。函数还可用由 $x$ 轴和 $y$ 轴组成的平面直角坐标系上的函数图形进行表示。

$y=x^2$，即“$x$ 的平方”函数；$y=2x^3+5x^2-2$，则是“$x$ 立方的两倍和 $x$ 平方的五倍和 $-2$ 相加”的函数。将 $y$ 表示为 $f(x)$，写成 $f(x)=2x^3+5x^2-2$ 之后，就能清楚地看出 $2x^3+5x^2-2$ 是 $f$ 的函数。

下列等式也是函数。

$z=g(x, y)$

这是一种当 $x$ 与 $y$ 的顺序组合确定之后就会有与其对应的 z 的函数。比方说，$z=x^2+5y$ 指的是“$x$ 的平方与 $y$ 的五倍相加”的函数。如果我们把它重新写成 $g(x, y)=x^2+5y$，就意味着 $x^2+5y$ 将 $g$ 这一函数施加在了 $x$ 和 $y$ 上。

$z=g(x, y, s, t, v, w, \cdots)$——不管我们往括号里加再多东西进去，它依旧是一个函数，只要算式的左边保持唯一就可以。

同时，我们也要注意 $g$（5，2，4）与 $g$（5，4，2）是不一样的。就像（5，2，4）和（5，4，2）那样，只要顺序不一样就是截然不同的两个东西。两个不同的东西不一定能通过同一个函数 $g$ 对应到相同的值。比如，在减法函数中，5=-（6，1），与此相对，-5=-（1，6），它们的对应值就不一样。

没错，减法是一种函数，表示为 $z$=-（$x$，$y$）。对 $x$ 与 $y$ 施加特定的操作从而得出 z 这一数值。一般在学习加法或减法的时候都是以“$x+y=z$”这样的表述方式来学的，因为它被分类为“四则运算”，所以可能有人认为它并非函数。但是加法和减法都是正经的函数。和 $y=f$（$x$）这种由 x，y 平面直角坐标系表示的函数相比，它们必须用多一根 z 轴的空间直角坐标系来表示，是一种更为复杂的函数。

同样地，乘法也是一种应当写成 $z$=×（$x$，$y$）的函数，除法则是 $z$=÷（$x$，$y$）的函数，平方根函数则应写为 $z=\sqrt{(x)}$。但是，在单讲“平方根”的时候，$z=\pm\sqrt{(x)}$，一个 $x$ 通常会对应着两个 z，这就不能被称为函数，所以必须要将其限定为“正平方根”或“负平方根”时，它才算函数。

不一定只有数值才具有函数关系。比方说，“生母”就是函数。只要确定了一个人，一定会有一个与这个人对应的生母。还可以表示为 $y$= 生母（$x$），如——

森山良子 = 生母（森山直太朗）

一般函数不仅仅限定于数值，还可适用于任意事物，它在逻辑学中扮演着重要的角色。

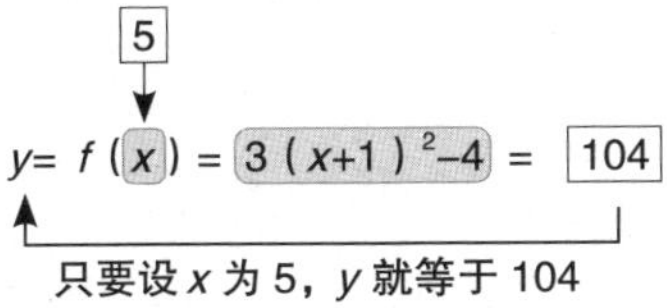


函数 $f$

## 函数表示

试着通过考虑各种函数来加深对函数的理解。在这里我们就采用答题形式，请判断下列关系是否属于函数。

$y$= 只小 1 的数（$x$）

没错，这是函数。一般应该写成 $y=x-1$。比如，199= 只小 1 的数（200）。

那这个呢？

$y$= 非更小的数（$x$，$y$）

这也是函数。如果是（4，7）那对应的就是 7，如果是（5，5）对应的就是 5。不管是怎样的（$x$，$y$）组合，一定有一个与之相对的数。

$y$= 弟弟（$x$）

这就不是函数了。因为 $x$ 的弟弟可能存在复数。此时，一个 x 可能对应着两三个弟弟。

5=$g$（$x$）

这有些古怪。给 $x$ 加上 $g$ 这一关系之后，不管它的数值是什么与其对应的都是 5。但毫无疑问，这也是函数。因为不管你拿来的 x 是什么，与其对应的值都只有一个 5。

$z$= 第二个事物（$x$，$y$，$s$，$t$，$u$，$v$，$w$）

这也是函数。不管是怎样的（$x$，$y$，$s$，$t$，$u$，$v$，$w$），都有与其对应的东西。比如，与（东京，横滨，名古屋，京都，仙台，广岛，新潟）相对应的值为横滨。

## 与自身相对应的函数

$z$= 其本身（$x$，$y$）

这究竟是不是函数呢？其本身是什么意思？其实这也是正经的函数。因为与它对应的是它本身，比方说，可以表示为（6，9）= 其本身（6，9）。也就是说，（$x$，$y$）这一有序的组合本身会称为与自己对应的值。

用组合表示可能不太好理解，那我们就把它简化为 y= 其本身（$x$）吧。这种函数一般被写成 $y=x$，$x$ 对应着与自身相等的 $y$，也就是说，这个函数表示的是平面直角坐标系上一条经过原点且斜率为 1 的直线。

$z$= 介绍的地点（$x$，$y$）

这是一个指定了 $x$ 向 $y$ 介绍的地点的函数。但是，由于介绍的地点可能有两个以上，所以严密地说它并非函数。

让我们将“介绍的地点”默认为“最大的介绍地点”，把 $z$ 看作是限定于单个地点的函数吧，然后进行补充——

$z$= 第二天( 生日( 第一个妻子( 现在的社长( 介绍的地点( $x$，$y$ ）））））

还能继续补充，把它变成“$x$ 向 $y$ 介绍的公司的社长的老婆的生日的……”像这样对函数进行组合，就能够不断地获得新的对应值。

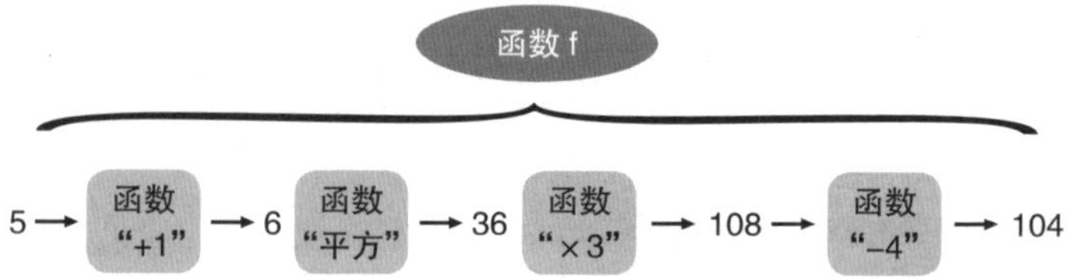


※4 个函数共同组成了一个函数 f。

函数 $y=f(x)=3(x+1)^2-4$ 的流程图［例：$f(5)=104$］

## 03 如果在函数中加入『真』和『假』

### 真值与真值函数

$w=f(x, y, z\cdots)$

此时，如果我们给“$x, y, z\cdots$”各自赋予特定的值，与之对应的 $w$ 只有一个，这一操作 $f$ 就为函数。

不管“$x, y, z\cdots$”有几种类型都可以，在这里我们只考虑以下两种比较简单的函数类型。

① $w=f(x)$　　② $w=f(x, y)$

在数学中 $x$，$y$，$w$ 一般仅限于数字，但由于在逻辑学的函数中，$x$，$y$，$w$ 可以是任意事物，那我们就随意加入“真”或“假”的其中一个吧。可能有人会产生疑问，“真”“假”

这种抽象概念也能加入函数之中吗？当然是可以的。数学函数也同样把 5 和 π 这类抽象概念代入 $x$ 和 $y$ 里面去了，所以我们把“真”“假”代入函数也没什么稀奇的。我们将“真”和“假”称为“真值”。数（数值）有无限种，而真值只有真和假两种。

让我们来看一看上面的函数①和函数②。如果写成真值函数，首先，函数①有几种写法呢？由于 $x$ 有真假两种，w 也可以取真和假这两种值，所以其组合数应为 $2\times2=4$，也就是说有四种写法——

真 =$f$（真） 真 =$f$（假）

真 =$f$（真） 假 =$f$（假） ——$a$

假 =$f$（真） 真 =$f$（假） ——$b$

假 =$f$（真） 假 =$f$（假）

那么，函数②又如何呢？因为 $x$ 和 $y$ 都各自有真和假两种可能，所以 $xy$ 就有四种组合方式，与这四种组合方式各自对应的 $w$ 也有两种，所以应该是 4 个 2 相乘等于 16，也就是说，最终有 16 种函数。我们试着规规矩矩地把这 16 种函数全部写出来吧（〇为真，× 为假）。像这样，当输入的真伪确定之后，输出的真伪只有一种的函数被称为“真值函数”。要注意输入的值在等号右边，而输出的值在等号左边。这只是表记上的惯例，把具体例子整理到“真值表”会更好理解（见 102 页）。

## 16 种函数（○为真，× 为假）

| | | | | |
|---|---|---|---|---|
| | ○=$f$(○,○) | ○=$f$(○,×) | ○=$f$(×,○) | ○=$f$(×,×) |
| $c$ | ○=$f$(○,○) | ○=$f$(○,×) | ○=$f$(×,○) | ×=$f$(×,×) |
| | ○=$f$(○,○) | ○=$f$(○,×) | ×=$f$(×,○) | ○=$f$(×,×) |
| | ○=$f$(○,○) | ○=$f$(○,×) | ×=$f$(×,○) | ×=$f$(×,×) |
| | ○=$f$(○,○) | ×=$f$(○,×) | ○=$f$(×,○) | ○=$f$(×,×) |
| | ○=$f$(○,○) | ×=$f$(○,×) | ○=$f$(×,○) | ×=$f$(×,×) |
| | ○=$f$(○,○) | ×=$f$(○,×) | ×=$f$(×,○) | ○=$f$(×,×) |
| $d$ | ○=$f$(○,○) | ×=$f$(○,×) | ×=$f$(×,○) | ×=$f$(×,×) |
| | ×=$f$(○,○) | ○=$f$(○,×) | ○=$f$(×,○) | ○=$f$(×,×) |
| | ×=$f$(○,○) | ○=$f$(○,×) | ○=$f$(×,○) | ×=$f$(×,×) |
| | ×=$f$(○,○) | ○=$f$(○,×) | ×=$f$(×,○) | ○=$f$(×,×) |
| | ×=$f$(○,○) | ○=$f$(○,×) | ×=$f$(×,○) | ×=$f$(×,×) |
| | ×=$f$(○,○) | ×=$f$(○,×) | ○=$f$(×,○) | ○=$f$(×,×) |
| | ×=$f$(○,○) | ×=$f$(○,×) | ○=$f$(×,○) | ×=$f$(×,×) |
| | ×=$f$(○,○) | ×=$f$(○,×) | ×=$f$(×,○) | ○=$f$(×,×) |
| | ×=$f$(○,○) | ×=$f$(○,×) | ×=$f$(×,○) | ×=$f$(×,×) |

<table>
<tr><td rowspan="2">与本文中对应的函数<br>↓</td><td>$P$</td><td>真</td><td>真</td><td>假</td><td>假</td><td rowspan="2">输入</td></tr>
<tr><td>$Q$</td><td>真</td><td>假</td><td>真</td><td>假</td></tr>
<tr><td>$a$</td><td>$P$ 的肯定</td><td>真</td><td>真</td><td>假</td><td>假</td><td rowspan="4">输出</td></tr>
<tr><td>$b$</td><td>非 $P$</td><td>假</td><td>假</td><td>真</td><td>真</td></tr>
<tr><td>$c$</td><td>$P$ 或 $Q$</td><td>真</td><td>真</td><td>真</td><td>假</td></tr>
<tr><td>$d$</td><td>$P$ 且 $Q$</td><td>真</td><td>假</td><td>假</td><td>假</td></tr>
</table>

真值表

## 非真理函数

假设P和Q是任意句子。无论P的内容如何，“★ P”的真假（真值）只会由P的真假（真值）决定，那么★就是真值函数，如果不能满足上述要求就不是真值函数。同样地，如果“P ● Q”只由P的真假和Q的真假决定，●就是真值函数，反之就不是真值函数。

请试着根据这一点分辨下列函数是否为真值函数。

“非P”　“P为偶然”　“P发生在过去”

“P为真”　“你相信P”　“P的后面是Q”

“P或Q”　“因为P所以Q”　“不是P而是Q”　“P且Q”

由于当P为真时，“非P”为假；P为假时，“非P”为真。所以是真值函数。无论P的具体内容是什么，只凭P的真假就能决定“非P”的真假。

“P为偶然”的真假，并不只由P的真假决定。就算知道P为真，“P为偶然”的真假也会由其具体内容是“柔道成了奥林匹克竞技”还是“2的平方根是无理数”而发生改变。在前者的情况下“P为偶然”为真，后者则为假。所以它并不是真值函数。

“P发生在过去”也是一样。因为它不只由P的真假决定，整体的真假还会被时间所左右，所以它也不是真值函数。

P如果为真，“P为真”就为真；P如果为假，“P为真”就为假，这是最单纯的真值函数。

“你相信P”不是真值函数。P是否为真和你是否相信P这两者之间可能多少有些联系，但只要你并非全知全能，就一定会出现分歧。

“P的后面是Q”并非真值函数，因为如果P与Q都为真，且整体都为真的时候，只要将P于Q的顺序调换过来，它就会变为假。

“P或Q”算是真值函数。因为无论P和Q的内容是什么，只有在双方都为假的时候，“P或Q”才为假。

“因为P所以Q”意味着P是Q的理由、根据或原因，所以当只有P和Q为真时是无法弄清“因为P所以Q”的真假的。虽然“整体论”的哲学立场认为这个世界上的所有事实都由因果关系及其他相关关系相互联系在一起，但就常识而言，还要考虑有时候P和Q为真时可能毫无关联，所以“因为P所以Q”不能算是真值函数。

当P为假，Q为真时，“不是P而是Q”整体为真，除此之外均为假。“P且Q”只有在P和Q都为真的时候才为真，其余情况下都为假。所以，它们也是只由P与Q的真假决定了整体的真假。

以真值为值，但不属于真值函数的函数被称为“非真值函数”。要让非真值函数也成为“函数”，其结果就必须是真或假的其中一方。上述例子中不属于真值函数的，如“因为P所以Q”，不管往P和Q中代入怎样的内容，其整体每次都会只有真或假之中的一种可能吗？

如果允许扩大“所以”的解释，“因为我出生了，所以世界存在”这句话可能既为真也为假。如果用因果关系的“所以”来解读这句话，它就为假。如果用证据关系的“所以”来解读这句话，它就为真。但是，只要确定“所以”的解读方式，即只要给单词下明确的定义，“因为P所以Q”就会只有一种含义，不会既为真也为假，此时我们就可以称之为函数了。

因为比起非真值函数，真值函数要更为简单，所以真值函数就成了逻辑学的基础，但也有许多试图通过真值函数的组合来构成非真理函数（“P为偶然”“P为必然”和“因为P所以Q”等）的逻辑学正处于开发之中。

| | | | | | |
|---|---|---|---|---|---|
| | P | 真 | 真 | 假 | 假 |
| | Q | 真 | 假 | 真 | 假 |
| 真值函数 | 不是 P 而是 Q | 假 | 假 | 真 | 假 |
| 真值函数 | P 且 Q | 真 | 假 | 假 | 假 |
| 非真值函数 | Q 在 P 之后 | ? | 假 | 假 | 假 |
| 非真值函数 | 因为非 P 所以 Q | 假 | 假 | ? | 假 |

真值表

## 真值函数与时间

让我们一个一个地看真值函数。首先，是名为“逻辑合取”的函数。“逻辑合取”的真值表可参照第 3 章第 3 节真值表里的 d。真值函数“P 且 Q”写作“P ∧ Q”。

由第 3 章第 3 小节真值表可知，当 P 为真且 Q 也为真时，“P ∧ Q”为真，其他情况下（至少有一方为假时），“P ∧ Q”为假，这是理所当然的。由于“P 且 Q”这句话同时肯定了 P 和 Q，所以当其中某一方或双方都为假时，“P 且 Q”的内容是不成立的。

“且”是英语词汇“and”的译体，除此之外，它还有诸如“而且”“并且”“与此同时”等许多表述方式。由于日常生活中用词不同会导致其语感和含义发生微妙变化，所以我们必须不能被这些含义的改变所迷惑。请把逻辑学的“∧”符号当作包含“and”所有日常含义的共通点的抽象化概念。虽说是“and”的所有共通点，但只有“and”两边的词都为真时，整句话才会为真，这就是真理函数“∧”，我想在这一点上大家应该没有异议。

作为惯例，一般将“∧”读作“且”。这样你可能就会觉得“P ∧ Q”像是在说 P 和 Q 是同时发生的事情。但有关逻辑学中“∧”的含义，各位只要回想一下“而且”的用法就会知道，“日本的首都是东京，而且，恐龙灭绝的主要原因是巨大陨石撞击地球”这句话也毫无疑问地为真，哪怕日本首都是东京的时期和恐龙灭绝的时期相差了几千万年。因为“P 且 Q”要求的只有“P 为真且 Q 为真”。

同样地，“P 然后 Q”这样的表达方式则带有“Q 发生在 P 之后，而且 P 是 Q 的原因”这一层含义。但是，以下句子在逻辑上的确为真。

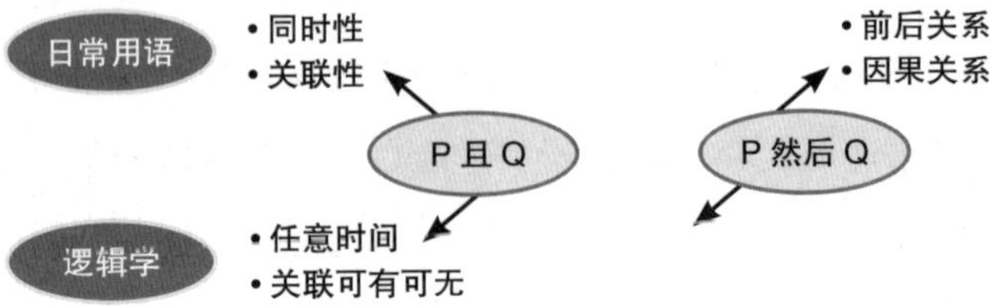


“P 且 Q”与“P 然后 Q”

“P，不仅如此，Q”则给人带来一种借助与P关联性强的Q对P进行补充强化的语感，但逻辑学中没有这层含义。正如，“我是男的，不仅如此，5是自然数”一样，哪怕将两个毫无关联的句子连接在一起，也符合“∧”的主旨。千万要记住，逻辑学的“∧”拥有包括“然后”“且”“不仅如此”在内的所有“and”用法的共通含义。“∧”一般读作“且”是因为比起“然后”或“不仅如此”等词，它看起来更加简洁而中立。

顺带一提，我们似乎还可以参照函数$f(x, y)$的表述，把P ∧ Q写成∧$(x, y)$。当用∧连接的句子只有两个的时候还好一些，要是句子的数量不断增加，变成P ∧ Q ∧ R ∧……的时候，果然∧$(P, Q\cdots\cdots)$的表述要更加简短而便利一些。但为了迎合加减法的习惯，“P且Q”的表述被统一为“P ∧ Q”，有时也写作“P & Q”。

## 06『且』的用法很容易被搞错

### 顺接、逆接、因果

上一节中讲到，逻辑学的“∧”通常读作“且”，除此之外在日常生活中还有许多的对应词，如“不仅如此”“然后”等。现在我们再来看一看体现出日常用语和逻辑学用语之间存在的更大分歧的例子。

逻辑学的“∧”对应的日常用语还包括“但是”“然而”“所以”“因此”和“之所以……是因为……”等。这些词语相对于上一节的“不仅如此”和“然后”等词而言，具有更为特殊的语感。

“但是”“然而”“所以”“因此”和“之所以是因为”

等日常用语在逻辑学中却总被当成“且”来使用。因为逻辑学处理的不是命题的内容而是其真伪，所以这种以一概全的处理方式已经足够了，不如说这种处理方式对逻辑学而言要更为便利。

“但是”和“然而”在日常用语的语法中被称为“逆接”，和被称为“顺接”的“然后”正好相反。“P 然后 Q”是对两个相似事物的并列或补充的表现，而“P 但是 Q”表示的则是对立事物、保留或意外的展开。但“对立”和“意外”的判断标准则属于主观问题，较为笼统。

“虽然一郎身体孱弱，但他成了职业摔跤手”“美国虽然将军队送入了越南，但撤退了”“我对数学有兴趣，却没有才能”“我对数学有兴趣，但对天文学也有兴趣”。

上述句子中由“但”或“却”连接的两个内容究竟有多么“相互对立”或“令人意外”呢？这就要看前后语境和听话者的感受了。像第四句，其中“但”的用法几乎和“而且”是一样的。捕捉所有“但是”和“却”的共同特征，这才是逻辑学所关心的。这个共同特征就是：“被‘但是’和‘却’连接的两个句子所阐述的内容都必须是事实。”

### “所以”和“因为”≠“如果，就”

再来看一看下列句子。

“我放弃了。所以，我放弃比赛”“我要对这个判决提出抗议，所以，我将放弃比赛”“家里进了小偷，因为家中出现了别人的足迹”。

“所以”和“因为”这类接续词表示理由或因果关系，由于它不是真值函数，所以不同于一般的“且”。但在使用“所以”等词时需要多么强烈的理由和因果关系呢？在这一点上还没有确切的基准。因此，只有在接续词的前后内容均为真时，这类句子才为真，在很多情况下可以将它等同于“我放弃了，并且，我要放弃比赛”。

当然了，这并不意味着在日常生活中我们总能将“所以”和“因为”替换成“并且”，如果主旨是特定的理由和因果时，就不能用符号“∧”来表达“所以”和“因为”。话虽如此，用“P ∧ Q”来表达“P 所以 Q”和“P，因为 Q”可能的确有些笼统，但它所表述的内容并没有和原来的主旨相悖。像“P 所以 Q”和“P，因为 Q”这样的句子要想表达理由或因果关系，首先要保证 P 与 Q 都为真。对这种通用于所有情况的真值条件（使句子为真的条件）进行把握的就是“∧”这一概念。

更需要注意的是，它与第 8 小节之后出现的“如果，就”之间的关系。“因为 P 所以 Q”和“若 P 则 Q”虽然相似，但实际上完全不同。“因为 P 所以 Q”意味着 P 与 Q 两方都为真，而“若 P 则 Q”则没有表明 P 与 Q 为真，它只是假定“如果 P 为真”而已。

由于存在这一差别，“如果我放弃了，那我将放弃比赛”“因为我放弃了，所以我要放弃比赛”和“我放弃了，并且，我要放弃比赛”这三句话在逻辑上不能画等号。

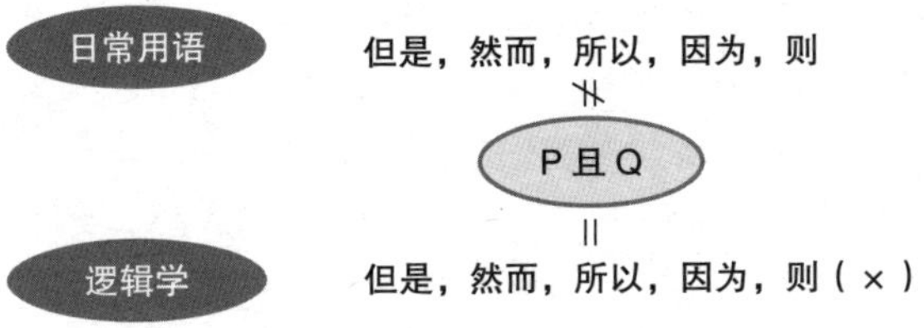


P 且 Q

# 07 『或』不只有一个意思

## 兼容选言与互斥选言

接下来让我们探讨真值函数“或”（真值表参照“16 种函数图”中的 c）。

真值函数“或”写作“∨”。由其真值表可知，只有在 P 与 Q 均为假的时候，“P ∨ Q”才为假，其余情况下均为真。

日常用语中的“或”比较含糊不清。餐厅菜单上的“饮料套餐 200 日元：香草茶或饮料自助”其实是一个省略句，如果我们把它还原，就会变成：“在本店，饭菜 + 香草茶的优惠套餐仅需 200 日元，或者是饭菜 + 饮料自助的优惠套餐也仅需 200 日元。”这意味着想要点香草茶优惠套餐或是自助饮料优惠套餐的人都只需要付 200 日元。而不是说当香草茶套餐优惠的时候，自助饮料套餐就没有优惠了，也就是说它并不意味着优惠套餐总是只有其中一种（虽然有些日子可能只提供其中一种套餐，但并非总是限定于其中一种）。由于香草茶优惠套餐（P）和自助优惠套餐（Q）这两种套餐是相互平行的，所以这里的“P 或 Q”包含“仅 P 为真”“仅 Q 为真”和“P 与 Q 均为真”这三种情况。

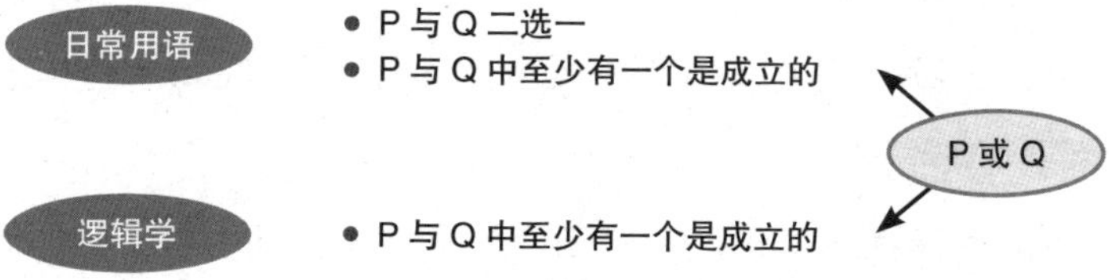


P 或 Q

## 拥有两种意义

刚才我们介绍的是对饮料套餐这一类表达的解释，但如果看一看每个顾客对饮料套餐服务的理解，就会发现“或”还有别的含义。

把“饮料套餐 200 日元：香草茶或饮料自助”这句话还原之后应该是：“点饮料套餐时，您可以选择 200 日元的香草茶优惠套餐，或 200 日元的饮料自助优惠套餐。”按照这种理解方式，饮料套餐对应的只有 200 日元的香草茶套餐或 200 日元的饮料自助套餐的其中一种，而并不保证你可以只花

400 日元同时购买香草茶和饮料自助这两种套餐。此时的“P 或 Q”强调“仅 P 为真”和“仅 Q 为真”，而排除了“P 与 Q 均为真”的情况。

第一种解读方式（店家的解读）被称为兼容选言，第二种解读方式（顾客的解读）被称为互斥选言。

在日常生活中，“或”存在上述两种含义，并被人适当地区分使用。但逻辑学的“∨”则只采用了兼容选言的含义。优先兼容选言的其中一个原因是，只要确定“P ∨ Q”是兼容选言，它就能和“P ∧ Q”建立起无法分割的对称关系，使得逻辑体系更加清晰。

让我们来看一个例子吧。首先，只要 P 或 Q 中有一个为假，“P ∧ Q”这一真值函数就为假。也就是说，“P ∧ Q”的否定是 P 与 Q 中至少有一个为假，即 P 或 Q 中至少有一个为假，可以用兼容选言表示为“非 P ∨ 非 Q”。这样一来，非“P ∧ Q”就等同于“非 P ∨ 非 Q”。

其次，因为只要 P 或 Q 其中一方为真，“P ∨ Q”就为真，所以其否定是 P 与 Q 均为假，即“非 P ∧ 非 Q”。

也就是说将施加在整体的否定分配给各个句子之后，∧和∨就会发生颠倒。以防万一，我们用符号和语言两种方式确认一下（否定写作“～”）。

～（P ∧ Q）即～ P ∨ ～ Q，非“P 且 Q”，即“非 P 或非 Q”

～（P ∨ Q）即～ P ∧ ～ Q，非“P 或 Q”，即“非 P 且非 Q”

这种否定词“非”的分配律被称为“德摩根定律”，这种对称性只有在“或”是兼容选言时才成立，当“或”为互斥选言时就无法成立。

**小知识**

德摩根定律——逻辑学与集合论的定理。集合论版本如下：不属于集合 A、B 重合部分的要素的集合（A、B 交集的补集），即 A 的补集加上 B 的补集。而且集合 A、B 的并集的补集是 A 的补集与 B 的补集的并集。

# 08『如果，就』的意思有很多种

## 真值函数与内容上的关联

接下来探讨真值函数“如果，就”。它是英语“if”的翻译。

作为日常用语的“如果，就”拥有许多含义，要用真值函数来进行表示其实非常困难。请试着考虑一下下列句子。

A：“如果拔出这个石头，就会发生山体滑坡。”

B：“如果第一回合能避开打击采用降服技，就能轻松取胜了。”

C：“如果 a 是质数，那么存在比 a 更大的质数。”

D：“要是喉咙渴了，冰箱里有果汁哦。”

E：“如果说有人能解决这个问题，那么那个人应该是山田。”

F：“如果骰子没有被做过手脚，那么下次掷出 4 的概率为六分之一。”

G：“如果这个统计属实，就证明了这个骰子没有被做过手脚。”

H：“如果我赌赢了，就能取回证书。”

这些“如果，就”和“要是，那么”说明了前后文存在内容上的关联。

A 和 B 是原因结果的关系，C 是数学的蕴含关系，D 是方法关系，E 是优先顺序的关系，F 是定义的特例关系，G 是证据关系，H 是契约关系。这些句子除了都具有内容上的关联之外，几乎没有其他共同点。逻辑学究竟能不能一概而论地处理这些复杂的概念呢？

虽然“如果，就”的多种含义并非全都存在因果关系，但也不能直接被忽略。逻辑学中，论证的前提与结论之间必须存在因果关系。同时，在数学和其他学问中也要将几个前提进行组合，“A，B，C……因此，Z”——然后像这样通过推理得出结论。人们在日常思考中也有意无意地重复着上述过程。从逻辑学本身考虑其他学问和日常思考的基础。对“A，B，C……因此，Z”的研究也是必不可少的。而且，所谓的“因此”也是“如果，就”这一关系中的一种。

让我们试着用“且”将“A，B，C……”中的所有前提连接起来。当“A，B，C……”中所有句子都为真时，这个冗长的句子才为真。因为“论证正确”说的是如果前提都为真，就能导出结论，所以只有当“如果（A ∧ B ∧ C ∧……），那么 Z”为真时，才能体现出“论证正确”的真正含义。像这样，前提与结论一定会由“如果，就”联系在一起，对于逻辑学而言，“如果，就”是最重要的概念，将其表示为真值函数也一定是一个重大的课题。

但是，似乎很难将前文中的 A 至 H 都用真值函数来表示。首先，假设 P 与 Q 都为真，此时真的能判断“如果 P 那么 Q”的真假吗？

让我们来看看 A。哪怕“拔出这个石头”为真（真的将这个石头拔出来），“山体滑坡”也为真（真的发生山体滑坡），A 也未必为真。因为有可能就算你拔出这个石头也不会对山体的稳定程度产生影响，而与此同时刚好发生了地震，这才导致了山体滑坡的发生。此时它们之间的因果关系不成立，所以我们会犹豫到底该不该认定 A 为真。

其次，假设 P 与 Q 都为假，此时就能判断“如果 P 那么 Q”的真假了吗？结果还是不行。让我们来看看 B。假设在第一回合没有采取降服技，也没能轻易地获得胜利，这时虽然 P 和 Q 都为假，但我们还是无法判断句子整体的真假。要想让整句话为真，B 中所说的选手必须真的精通降服技，如果 B 中的选手不擅长降服技，那 B 就为假。

像这样，哪怕 P 与 Q 的真假都确定了，“如果 P 那么 Q”这一整体的真假还是无法确定。也就是说，“如果 P 那么 Q”

似乎无法成为真值函数。

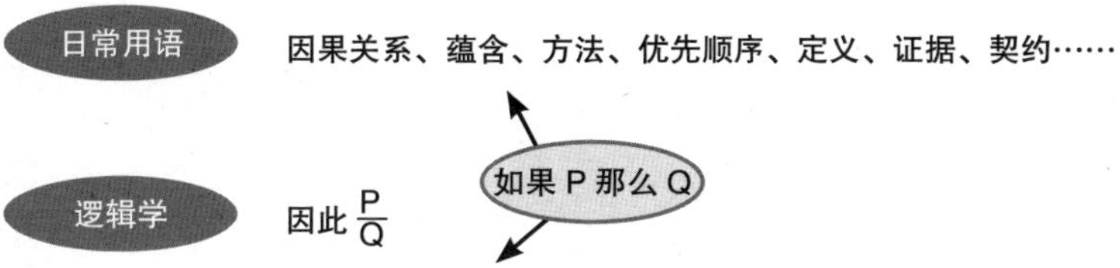


如果 P 那么 Q

## 真值表的计算

让我们再看一遍上节中的例句 A ~ H。

A：“如果拔出这个石头，就会发生山体滑坡。”

B：“如果第一回合能避开打击采用降服技，就能轻松取胜了。”

C：“如果 a 是质数，那么存在比 a 更大的质数。”

D：“要是喉咙渴了，冰箱里有果汁哦。”

E：“如果说有人能解开这个问题，那么那个人应该是山田。”

F：“如果骰子没有被做过手脚，那么下次掷出 4 的概率为六分之一。”

G：“如果这个统计属实，就证明了这个骰子没有被做过手脚。”

H：“如果我赌赢了，就能取回证书。”

这些“如果，就”除了显示出前后文内容上独特的关联性之外没有任何共同点，似乎无法单凭 P 与 Q 的真假判断“如果 P 那么 Q”这一整体的真假。

虽然“真”“假”属于逻辑学的拿手领域，它们的数字值“ON”和“OFF”被广泛运用于以计算机科学为首的科学技术中，但面对“内容上的关联”时则显得束手无策，对于内容关联的判定标准十分随意。因此，在逻辑学中判断“如果 P 那么 Q”真伪的时候，必须不去考虑 P 和 Q 的内容。

**“P 真 Q 假”为假（P 真 Q 真，P 假 Q 真，P 假 Q 假）**

| “‘P | 且 | Q | 为假’ | 为假” |
|---|---|---|---|---|
| 真 | 假 | 真 | 假 | 真 |
| 真 | 真 | 假 | 真 | 假 |
| 假 | 假 | 真 | 假 | 真 |
| 假 | 假 | 假 | 真 | 真 |
| ① | ③ | ① | ② | ④ |

※ 以“①→②→③→④”的顺序进行计算

||

如果 P 那么 Q

## “P 真 Q 假”的组合必为假

从上文中 A ～ H 的各种脉络中我们不难看出，就算确定了 P 和 Q 的真假，也无法对“如果 P 那么 Q”这一整体的真假做出判断。但只存在一种 P 与 Q 的真假组合，使得“如果 P 那么 Q”的真假在任何情况下都是可以确定的。那这究竟是一种怎样的组合呢？

这一组合是“P 真，Q 假”。

不管“如果，就”取何种含义，如果 P 真而 Q 假，那么“如果 P 那么 Q”就绝对不可能为真。没错，通用于上述例文 A ～ H（以及其他无数的包含“如果，就”的句子）的真值特征只有一种，那就是“P 真 Q 假”这一组合的否定。在给作为真值函数的“如果，就”下定义时，上述组合是极为重要的线索。

那么其他情况要如何定义呢？由上文可知，在“P 真 Q 真”“P 假 Q 真”“P 假 Q 假”这三种情况下，根据“如果，就”的意义或语境的不同，“如果 P 那么 Q”的真假也无法确定。但出于逻辑惯例我们又无论如何都希望确定其真假。要怎么做才合理呢？

这时我们就只能利用唯一的线索——“P 真 Q 假”这一组合的否定。如果换个表达方式，就是 ~（P ∧ Q）或非“P 且 Q”。然后再制作其真值表（见上页）进行计算便可。

假设“~（P ∧ Q）”中 P 为真，Q 也为真吧。非“真且非真”，即非“真且假”，即非“假”，也就是“真”。

同样地，假设 P 为假，Q 为真，那么就是非“假且非真”，即非“假且假”，即非“假”，也就是“真”。

再同样假设P为假，Q也为假，非“假且非假”，即非“假且真”，即非“假”，也就是“真”。

一下就做出来了。在“P真Q假”之外的三种情况下，“如果P那么Q”都为真，这就是确认“如果P那么Q”真假的方法。

## “如果，就”的悖论

当 P 真 Q 假时，“如果 P 那么 Q”为假。其他情况下“如果 P 那么 Q”都为真。每当输入 P 和 Q 的真假后，与其对应的“如果 P 那么 Q”的真假就会被输出，真值函数“如果，就”就是这样被定义的。

但也有许多人对“如果，就”的这一定义感到不满。按照这个定义，当 P 为假时，无论 Q 是真是假“如果 P 那么 Q”都会自动为真。而当 Q 为真时，无论 P 是真是假“如果 P 那么 Q”也会自动为真。这个定义是不是太大方了呢？这样简单粗暴的定义真的没问题吗？

关于这个疑问，我们可以有两种回答方式。首先，由于“如果，就”作为日常用语已经具有多种含义了，那么为了逻辑学再添加一种新的含义又有何妨呢？当然这个含义也不能太过天马行空。幸运的是，只有在P真Q假时，“如果P那么Q”才为假这一定义甚至巧妙地把握住了“如果，就”的日常含义。没错，其把握之巧妙要远远超乎我们的想象。

因为在日常用语中，“如果P那么Q”意味着“如果P发生了那么Q一定也会发生”，我们在直观上会认为“明明P发生了Q却没有发生这样的事情是绝对不存在的”，也就是说，“P为真，Q为假”这一状况遭到了否定。由于其他状况并未被否定，所以如果没有特别的附加情报，我们都会默认它是对的。

再举一个例子。“P或Q”在日常生活中意味着“不是P就是Q”，即“只要不是P就一定是Q”（“如果非P那么Q”）。也就是说，“如果非P那么Q”的真值条件（使其为真所需的条件）和“P或Q”的真值条件相同。当P或Q之中至少有一个为真时，具有并列性质的“P或Q”就为真，只有P、Q双方均为假的时候“P或Q”才为假。由此可知，“如果非P那么Q”在“如果非真那么真”“如果非假那么真”以及“如果非真那么假”这三种情况下为真，只有在“如果非假那么假”时才为假。

如果用“假”替代“非真”，“真”替代“非假”，可知前文列举的“如果假那么真”“如果真那么真”以及“如果假那么假”都为真，“如果真那么假”为假。这不正和“如果 P 那么 Q”的真值函数完美一致吗？

试着用逻辑符号重新表示第二个例子中日常用语“如果，就”“或”“且”和“非”的关系。作为真值函数，“P ∨ Q”等同于“～如果 P 那么 Q”。由于“P ∨ Q”属于兼容选言（第 3 章第 7 小节），只要 P 或 Q 中至少有一方为真则整体为真，只有双方为假时整体才为假。也就是说，与“P ∨ Q”同义的“～如果 P 那么 Q”只有在 P 和 Q 分别为“真，真”“假，真”和“真，假”的情况下为真，当 P 和 Q 分别为“假，假”时为假。

由此可知，作为真值函数的“如果，就”通过与同为真值函数的“∨（或）”“∧（并）”“～（否）”进行组合后可以形成更为清晰的体系。

尽管如此，只有当 P 和 Q 分别为“真，假”时，“如果 P 那么 Q”才为假，其余情况下皆为真——这种真值函数的定义的确过于简单粗暴了，它还是无法把握虚拟语气、因果关系和证据关系之间的微妙区别。

这时候，对真值函数“如果，就”进行拥护的第二种回答方式就要出现了。假设逻辑学是一种科学，暂时的简单化是不可避免的。就像几何学规定线是没有宽度的理想的线，点都是没有面积的理想的点，物理学假设理想的真空的状态或没有摩擦力的平面，那么逻辑学也可以事先设定一个基本概念，然后再慢慢进行修改。

这时我们就可以将虚拟语气的“如果，就”和因果关系的

“如果，就”这类应用方式设为真值函数“如果，就”的基础，通过添加其他概念，真值函数的构成将非常顺利。而不能一下子就试图将复杂的概念逻辑化，因为欲速则不达。

| | | |
|---|---|---|
| 如果人类是昆虫 | 那么 | 1+1=3 |
| 如果 5 是奇数 | 那么 | 日本的首都是东京 |
| 如果明天下雨 | 那么 | 地球正在旋转 |

这样的句子在逻辑学中也为真

# 11 『如果，就』所传达的信息量有多少？

## 必要条件、充分条件

一方面，当“如果P那么Q”为真时，称P是Q的充分条件，而Q是P的必要条件。

“如果P那么Q”为真就意味着“P真Q假”这一组合不会出现。所以，处在“如果P那么Q”这一条件下，如果知道P为真，就相当于获得了可以证明Q为真的充分情报，就没必要再对Q进行调查（不调查也已经足够充分了），这就意味着P是Q的充分条件。

另一方面，同样在“如果P那么Q”这一条件下，如果Q为假，那么P就不可能为真。也就是说要想让P为真，Q也必须为真，这就意味着Q是P的必要条件。

让我们来确认那些一眼就能看出“如果P那么Q”成立的具体例句。“如果太郎是蜥蜴，那么太郎会吃昆虫”，这句话为真。也就是说，如果这个所谓的“太郎”是蜥蜴，那么它就会吃昆虫（因为这里太郎的身份可以是任意的，所以这句话等同于在叙述“蜥蜴会吃昆虫”）。

当然也可能存在蜥蜴是食草动物的可能世界，或是不存在昆虫的可能世界，蜥蜴只会吃蜘蛛和蚯蚓的可能世界等，甚至可能有蜥蜴都不存在的可能世界。但现实世界并非可能世界，命题的真假终究要根据现实世界的基准进行判断，所以“蜥蜴吃昆虫”是真命题，“太郎是蜥蜴”是“太郎吃昆虫”的充分条件，“太郎吃昆虫”是“太郎是蜥蜴”的必要条件。

**小知识**

可能世界——代替现实世界的各种假想世界。由于“全人类都变成了石头”这类异想天开的命题在逻辑上并不矛盾，所以也有使它成立的可能世界。与量子力学和宇宙学中的“多世界”不同，可能世界不受物理法则的约束，只要遵循逻辑法则即可。

只要说出“太郎是蜥蜴”就等于叙述“太郎吃昆虫”，所以没必要特地多说一句（在教蜥蜴的食性时介绍“蜥蜴吃昆虫”是有意义的，但在这里指的是我们已经知道“如果太郎是蜥蜴，那么太郎吃昆虫”为真，那么在说话时就不必特意把后一句也说出来了）。

接下来让我们特定“太郎”的身份吧。假设“太郎”是我饲养的蜥蜴的名字。P“太郎是蜥蜴”为真，Q“太郎吃昆虫”也为真，此时“如果P那么Q”为真。这回我们假设“太郎”是一个著名艺术家的名字。因为P为假，Q也为假，所以“如果P那么Q”为真。再假设“太郎”是我养的蟾蜍的名字。P为假，Q为真，此时“如果P那么Q”为真。最后假设“太郎”不指任何人，而是一个架空的名字。由于P和Q的内容都不符合事实，所以P和Q均为假，此时“如果P那么Q”为真。在现实世界中，“太郎是蜥蜴”为真而“太郎吃昆虫”为假这一事态无论如何都不会发生。无论“太郎”的身份如何，“太郎是蜥蜴”和“太郎吃昆虫”都是各自的充分条件和必要条件。

**小知识**

充分必要条件——当“如果P那么Q”为真，“如果Q那么P”也为真时，P既是Q的充分条件又是Q的必要条件。此时称“P是Q的充分必要条件”。这意味着“P和Q的真值一致”。

## 充分条件并不“充分”？

充分条件之所以“充分”，是因为它具有比必要条件更多的信息量吗？这可未必。虽然现实世界中不存在会去攻击鲸鱼的蜥蜴，但假设“太郎”是虎鲸的名字，“太郎是蜥蜴”就是“太郎袭击鲸鱼”的充分条件，这并不是因为“太郎是蜥蜴”

的信息量要多于“太郎袭击虎鲸”。主要是因为当“太郎袭击虎鲸”为真（或者是因为“太郎是蜥蜴”为假）时，“如果太郎是蜥蜴，那么太郎会袭击虎鲸”为真。

P是Q的充分条件这句话只意味着“真值的信息量”更多——“‘如果P那么Q’为真时，只要P为真Q就自动为真”。而不是因为只要说了P就能传达比Q更多的信息量，所以说P是Q的充分条件。在理解必要条件中的“必要”时也是一样的。

# 12 逻辑与集合使用着同一种符号？

## “如果，就”与蕴含关系

当“如果P那么Q”为真时，称P蕴含Q。“蕴含某物”等于“是某物的充分条件”。同样地，“被某物蕴含”等于“是某物的必要条件”。称之为蕴含的理由也是显而易见的。只要P为真，就能够保证Q也为真，所以说P中已经包含了Q。“如果P那么Q”写作P ⊃ Q，如“如果在K湖畔遇到蛇，那么它是毒蛇”这句话可以改写成下列句式——

我在K湖畔遇到蛇 ⊃ 我遇到毒蛇

将“我在K湖畔遇到毒蛇”的事例列举出来，然后把它们写成圆P内的一个个小点（如下图）。这一个个小点表示我在

K 湖畔遇到蛇的各个具体事例，而圆 P 则是其集合，表示“我在 K 湖畔遇到蛇”这一一般事态本身。接下来，再列举“我遇到毒蛇”的事例，把它写成圆 Q 内的一个个小点。这一个个小点表示我遇到毒蛇的各个具体事例，圆 Q 为其集合，表示“我遇到毒蛇”这一一般事态本身。

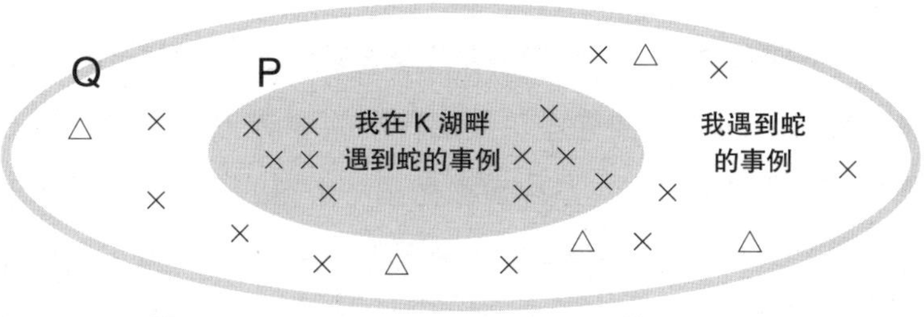


我在 K 湖畔遇到蛇 ⊃ 我遇到毒蛇

也就是说，P ⊃ Q 为真意味着圆 P 正好在圆 Q 的内部。P 的所有具体事例也属于 Q 的具体事例。因为 P 也是 Q，但 Q 未必是 P（在其他地方也可能遇到毒蛇），所以 P 的意义包含 Q 的意义，即 P 蕴含 Q。不过当 P 与 Q 恰好重合在一起，大小完全一致时，也可以说 P 蕴含 Q。

## 因为集合的符号是“Q ⊃ P”

这时，可能有一些学过数学“集合”的人会感到疑惑。K 湖畔的蛇的集合是毒蛇集合的子集。应该是 Q 包含 P，而不是 P 包含 Q。那么为什么先前我们称之为“P 蕴含 Q”，将其写作“P ⊃ Q”呢？

实际上，用集合符号表示时应该反过来写作“Q ⊃ P”。因为集合 Q 完全包含集合 P，所以我们称 P 是 Q 的真子集、P 被 Q 蕴含、P 蕴含于 Q 等。

那么为什么逻辑学的 P ⊃ Q 到了集合中就要反过来写成 Q ⊃ P 呢？

为了理解这一点，我们需要注意逻辑学的 ⊃ 和集合的 ⊃ 其实是截然不同的两种符号。被逻辑学的 ⊃ 连接起来的 P 和 Q 是有真假性质的句子，从中可以做出一个新的具有真假性质的句子“P ⊃ Q”。而被集合的 ⊃ 连接起来的 P 和 Q 并无真假而是单纯的概念（集合），只有在它们直接加上 ⊃ 才能做出一个具有真假性质的句子。前者是和“并且”“或”相同的接续词，而后者则是与“更大”“是父亲”和“殴打”为同类的谓语。

一方面，逻辑学的 P ⊃ Q 意味着一种限制——仅在 Q 为真时，P 才为真。也可以说，⊃ 表示的是“成真的难度”。成真的难度越高，说明信息量越丰富。另一方面，集合的 ⊃ 则表示“数量的丰富”。

逻辑学的 ⊃ 表示信息量的包含关系，而集合的 ⊃ 则表示数量的包含关系。信息量越大，能套入其中的具体事例的数量就越少。反过来说，信息量越小（比如，单纯的“某人于某日看见了某物”等），就能对应越多的具体事例。你可以这样想，正因为质与量之间的反比例关系，才导致逻辑学与集合中“⊃”的用法是颠倒过来的。

但以上的说明只是简单地叙述了逻辑学与集合的符号看似相反的原因。正如上文所说，我们还需注意逻辑学的 ⊃ 所传递的信息量的大小并非所谓的内容信息量的大小。

# 13 存在能够创造命题本身的函数

## 命题函数

之前我们提到，函数是只要确定了输入值，就能得出唯一与其对应的输出值的装置。当我们输入真、假这类值时，每种输入模式都对应着唯一一种或真或假的输出值的函数，叫作真值函数。日常用语中的真值函数包括副词“非”，接续词“并”“且”“或”和“如果，就”等。

逻辑学中被重视的函数还有一种，那就是“命题函数”。真值函数的作用是通过句与句的组合做出新的句子。也就是说，真值函数是通过已有的句子做出新句子的函数。那么句子又是如何产生的呢？这时就轮到“命题函数”登场了。

**小知识**

命题函数——在对应主语或宾语的空白处输入具体事物之后，输出值为真假中的其中一方，这样的函数被称为命题函数，也可称之为谓语。

命题函数是通过主语和谓语制造出命题的函数。试着这样理解命题函数：因为命题有真假，所以我们只要给命题输入主语和谓语，就能得到真或假的输出值。但在命题函数中需要注意两点。

在逻辑学中，习惯将谓语被固定为函数本身，而只把主语当作变量。也就是说，命题函数的例句像这样——

走（$x$） 是质数（$x$）

大学中途退学（$x$） 是属于太阳系的行星（$x$）

只要输入符合谓语的 $x$，输出值就为真；如果输入的 $x$ 不符合谓语，输出值就为假。就像下面这样——

真 = 走（玛丽莲·梦露）

假 = 是质数（15）

真 = 属于太阳系的行星（火星）

假 = 是太阳系的行星（东京铁塔）

其一般形式如下——

真 or 假 =$F$（$x$）

$F$ 表示具体的谓语（动词、形容词）。

命题函数的第二个注意点是，变量可以是两个以上。比如，

“年长于”“是母亲”“看”等谓语，也就是说，及物动词和系动词的主语不会只有一个。

顺带一提，逻辑学中所说的“主语”还包括日常语法中的“宾语”和“补语”。实际上当谓语是“被杀害”“遭到忌妒”等被动态动词时，主语和宾语的定义也会变得模糊。而讨厌模糊的逻辑学则将能使函数输出真假的所有变量单位一概地称作“主语”。

真 = 大于（太阳，地球）

假 = 可除尽（15，6）

真 = 被杀害（恺撒，布鲁图斯）

假 = 被杀害（布鲁图斯，恺撒）

主语（经常为复数）确定后，就会有与其对应的真假的值，像这样的函数就是命题函数（其实就是谓语）。

将命题函数的主语全部代入后拥有真值的句子（命题），就是一直以来被我们表示为 P 或 Q 的语句。将 P 和 Q 这类句子作为最小单位，并通过真值函数不断组合的逻辑学被称为“命题逻辑学”。往命题函数 F（x）的 x 中代入具体的事物，或借助其他方法造句的逻辑学被称为“谓词逻辑学”。

**小知识**

命题逻辑学与谓词逻辑学——所谓命题逻辑学是指处理命题之间逻辑关系的逻辑学。谓词逻辑学则是处理命题内部的主谓语构造以及量化（第 3 章第 16 小节）构造的逻辑学。谓词逻辑学是一个包含命题逻辑学的所有公理和推理规则在内的一般系统。

## 14 可以把人类也解释成『函数』吗？

### 逻辑学的自由程度

命题函数指的是还没有确定主语的句子。只要主语确定其真假就能确定。简而言之，命题函数就是谓语。

谓语，即动词或形容词，它居然会是“函数”？可能很多人做梦都不会想到这一点。这就是逻辑学的自由之处——世间万物都能用“函数”来解释。

那我们这次不取谓语，试着把主语解释为命题函数。将上节中的主谓语的位置颠倒过来想就很简单了。假设玛丽莲·梦露是以下的命题函数 M。

真 =M（是女优）

假 =M（活到了 21 世纪）

真 =M（成为波普艺术的题材）

假 =M（身高超过 170cm）

不仅限于梦露，所有的个体都能被解释为由谓语决定真假的函数（换句话说，就是由谓语转变为命题的函数）。

接下来，试着将副词解释为命题函数。因为副词是使旧命题变换为新命题的装置，所以可以将它看作是一个只要输入谓语和主语就能决定真假的二元函数。二元是指“x 爱着 y”“x 比 y 重”这样的，有两个空白处（x 与 y）的函数。比如，“过去”这一副词 Q——

真 =Q 法国，是王国

假 =Q 土星，存在生物

真 =Q 以……为首府，（日本，京都）

假 =Q 以……为首府，（京都，日本）

第三、第四句中的第二项“日本，京都”和“京都，日本”是有先后顺序的组合单位。也就是说，Q [ 以……为首府，（日本，京都）] 阐述了（日本，京都）这一组合存在“日本以京都为首府”的关系，并且它在历史上为真。而关于（京都，日本）这一组合，由于京都不可能以日本为首府，所以 Q [ 以……为首府，（京都，日本）] 除了在历史上为假，在此之前它在政治上、社会上和含义上均为假。

这回我们试着将接续词解释为命题函数。因为接续词连接命题与命题，也就是说，它是连接真假与真假的装置，所以可以将其解释为只需输入两个谓语与主语的组合（这就是命题）就能决定真假的二元函数。假设接续词“或”是如下命题函数M——

真 =M（月球，动物居住），（地球，植物生长）

假 =M（4，是奇数），（日本，是王国）

第一句话“（动物居住于月球）或（植物生长于地球）”为真。命题逻辑学的命题经常可以通过谓词逻辑学特有的表现形式来表达。

假设接续词“在……之后”是如下命题函数 A——

真 =A（海湾战争，爆发），（朝鲜战争，结束）

假 =A（地球，诞生），（月球，诞生）

就连已经具有真假性质的命题都可以被看作函数。给命题S“猫磨爪子”代入各种副词之后——

真 =S（现实地） 假 =S（必然地） 假 =S（借助后天学习）

比起绝对的内容或真伪，逻辑学更专注于形式上的关系，不管面对什么对象，都不会无条件地认为它是自立自足的。哪怕是那些看起来没有议论余地的东西，逻辑学都会将它们看作是存在“x、y”的空白栏的函数。要不要把某个概念（语法）看作是函数，看作怎样的函数，这些都是自由的。只要符合文脉和目的，遵照合理的做法，逻辑学对物的看法就是自由的。

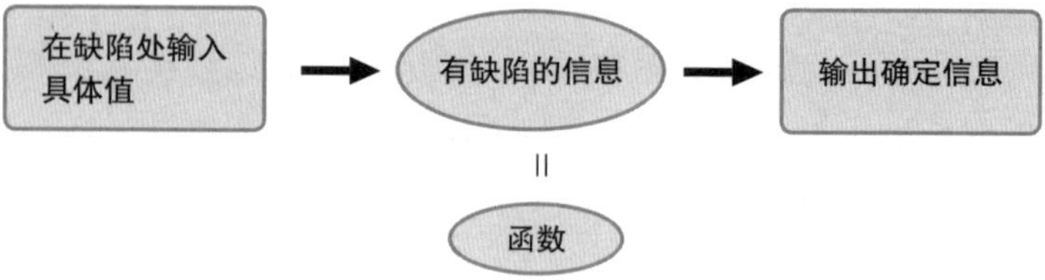


函数是自由的

# 15 如何判断『开放句』的真假？

## 常项与变项、量词

“走”这一谓语，如果没有主语，便既非真也非假。“爱”这一谓语，如果“谁”和“什么”这两个项目没有确定，同样既非真也非假。这种包含未确定项目的表现在逻辑学中的写法如下——

$Fx$ （读法）$x$ 走

$Lxy$ $x$ 爱着 $Y$

为了看起来更明了一些，再加上括号——

$F(x)$

$L(x, y)$

为了便利，在此直接假定$F$为“走”，$L$为“爱着”，每次使用的谓语字母没有限制，可以是$A$也可以是$K$还可以是其他任何字母，但在习惯上一般使用大写的英文字母，表示空栏的项目一般和数学变量一样，采用$x$、$y$、$z$等。由于在逻辑学中，$x$、$y$还可以包含数字以外的概念，所以不叫“变量”而称其为“变项”。

$F(x)$和$L(x, y)$虽然在形式上和句子相似，但由于其变项尚未确定，所以在整体上不存在真假，因此不能称之为句子。因为变项部分为空，像是一个“空房子”，所以$F(x)$和$L(x, y)$被称为“开放句”或“敞开句”。

当我们把开放句中的空栏填上之后，它就会变成“封闭句”，这就是我们一般所说的“句子”。把开放句变成句子的方法有两种。一种方法是将特定对象代入变项之中，另一种方法是将不特定的对象代入变项中。

第一种方法只需将特定对象的名称（常项）直接写入变项中即可。比如，将开放句“x爱着y”中的x设为老鼠，y设为猫，就能把它变成一个假命题。将“$x$的面部照片登上了《时代》杂志的封面”这句话中的x设为狗后，它就变成了一个真命题。如果有人让你把开放句变成句子，一般都会想到上述做法。

**小知识**

变项与常项——变项是指命题形式中可变的部分，通常用 x、y、z、u、w 等靠后的英文字母表示。常项则表述为 a、b、c、d 这类靠前的英文字母。本文中的 F 与 L 也是常项（谓语常项）。运用常项时，无须明确具体内容，只需设其为“特定的某物”即可。

第二种方法，需要将不特定对象代入变项，但不特定对象没有名称。那么不使用名称要如何代入呢？方法有多种。假设“x 正呐喊着”中的 x 为以下非特定词。

“某人正呐喊着。”

“几乎所有人都在呐喊着。”

“许多人正呐喊着。”

“两三个人正呐喊着。”

“大家正呐喊着。”

英语的 every，each，any，few，no，many，most 等词也被称为量词，只要将量词 every，each，any，few，no，many，most 代入 x，虽然主语仍不确定，但也能使开放句变为普通句。但由于逻辑符号重视清晰简洁，所以就无视“few，many”这类被夹在中间的词语，只保留“some”（至少）和“every”（所有）这两个量词。其他量词都是上述两个量词和“非”“或”等真值函数的组合。

比如，“至少有两人正呐喊着”这句话也可表述为“某人正呐喊着，某人也正呐喊着，且他们不为同一人物”，若使其符号化，就需要使用我们尚未学到的逻辑符号，表示如下——

$\exists x \exists y$（“x 正呐喊着”）∧（“y 正呐喊着”）∧（$x \neq y$）

**真值表**

| | | | | | |
|---|---|---|---|---|---|
| | P | 真 | 真 | 假 | 假 |
| | Q | 真 | 假 | 真 | 假 |
| 真值函数 | 不是 P 而是 Q | 假 | 假 | 真 | 假 |
| 真值函数 | P 且 Q | 真 | 假 | 假 | 假 |
| 非真值函数 | Q 在 P 之后 | ? | 假 | 假 | 假 |
| 非真值函数 | 因为非 P 所以 Q | 假 | 假 | ? | 假 |

# 16 『所有』和『存在』对逻辑而言是必不可少的

## 量化

“x 是间谍。”

要想让这一开放句变为命题，有两种办法。

A：“佐尔格是间谍。”

B：“某人是间谍。”

B 方法，即通过量词使开放句变为命题的方法，被称为“量化”。在被量化之前没有真假的开放句，经过量化之后便成为有真假性质的命题。

但量化和第一种通过代入特定名称使开放句变为命题的方法不同，它叙述的始终只有“不特定的某个事物”。下述量化也是如此——“所有人都是间谍”。

可能有人会想，因为它说所有人都是间谍，那这不就是在对每个特定的人进行叙述吗？确实，如果给这两种量化换一种表达方式，应该如下文所示。假设“a、b、c……”是特定名称。（关于逻辑符号≡，请参照第 3 章“会出现的逻辑符号表”）

“某人是间谍”

≡“a 是间谍∨ b 是间谍∨ c 是间谍∨……”

“所有人都是间谍”

≡“a 是间谍∧ b 是间谍∧ c 是间谍∧……”

把通过代入各个人的名称而形成的命题用“或”连接后，就能获得“某人是间谍（存在间谍）”的量化句。如果用“且”连接这些命题，就会获得“所有人都是间谍（均为间谍）”的量化句。这样一来，通过量化形成的命题似乎就等同于通过代入名称而形成的命题。

**小知识**

量化——用量词约束无法确定真假的开放句（命题函数）的变项，使开放句变成具有真假性质的命题，这一行为就被称为量化。它可以通过叙述不特定多数对象的数量，在主语和谓语不确定的情况下表达命题。

但它并非通用于所有情况，如下面这句话。

“所有人都会死。”

这个命题的含义是所有人都会死，但这里的“所有人”并不仅限于特定的有名字的人，应该还包括那些尚未出生而身份未知的人。也就是说，我们无法将“所有人都会死”改写为“a会死∧b会死∧c会死∧……”，因为这个时候你要想列举出所有人，光靠名字是远远不够的。

强行给尚未出生的人分配名字，然后把命题翻译为“a会死∧b会死∧c会死∧……∧s会死∧t会死”也是不可取的。因为如果不附加一句“‘a、b、c……s、t’中包含所有人类”，就无法准确地传达“所有人都会死”的含义。但这个附言中出现了“所有”一词。也就是说，如果不使用“所有的……”（所有人都……）这一量词就无法正确地描述“所有人都会死”的含义。

同样地，“某人会死”（存在会死的人）也不能改写为“a会死∨b会死∨c会死∨……∨s会死∨t会死”。假设“a、b、c……s、t”不包含所有人，这样一来，哪怕由于列举出来的名字中的所有人都没死而导致该命题为假，也会因为除此之外的某人的死而使“某人会死”变为真命题。

当然了，当总体确定，其所有子集都能不出遗漏地被列举出来时，就要另当别论了。这时可以改写为——

“某些事物是F”≡“a为F∨b为F∨c为F……”

“所有事物都是F”≡“a为F∧b为F∧c为F……”

此时，“某些”和“所有”的范围受到限制，虽然说是“所有”，但它并非实际调查了“所有事物”。在讨论量词的表现时一般默认它受到总体的限制（有固定的论域）。

**小知识**

论域——特定讨论对象的整体集合。能够代入x、y等变项中的所有事物的集合。在逻辑学中，论域通常不受限制。

# 17 『所有人都会死』的逻辑学式表达

## “所有”的逻辑形式

“所有人都会死。”

可以将这句话翻译为：“对于所有的 x，x 会死。”如果将“会死”这一谓语写成 M，便可进一步翻译为：“对于所有的 x，Mx。”

再利用逻辑符号进行缩写就变为——

$\forall x\ Mx$

也许用括号区分一下会更好理解，即 $\forall x (Mx)$ 或 $(\forall x)$

$Mx$ 等。这个由 $\forall x$ 表示的量化被称为“全称量化”。

但是，“所有人都会死”的符号化实际上还并非完全正确。虽然我们认为“所有人都会死”是真命题，但面对如下质疑时又该如何回答呢？

“$\forall x Mx$ 存在反例。比如，我的自动铅笔不会死，圆周率不会死，哆啦 A 梦也不会死。所以 $\forall x Mx$ 是假命题。”

此时，我们一定会回答道：“不，并不是‘任意事物’都会死，而是‘所有人’都会死，原文不是说得明明白白了吗？将‘所有人都会死’改写为 $\forall x Mx$ 时，可代入 x 的总体仅限于人类，或是所有生物个体。自动铅笔、圆周率和虚构的角色都必须被排除在外。”

虽然这个回答符合常识，但在逻辑学中，我们不能依靠常识来解决问题，而必须把内心的“常识”毫不含糊地变成下列符号（H 表示谓语“是人类”）。

$$\forall x\ (Hx\ \forall\ Mx)$$

这可以读作：“对于所有的 x，如果 x 是人类，那么 x 会死。”

日常生活中，当我们说“所有事物都有其重要性”“所有观点都能被反驳”“所有生物都有生存的权利”的时候，这里的“所有”都并非其字面意思的所有，其表示的整体通常受到限制，如上文中的“所有事物”“所有观点”以及“所有生物”。在逻辑学中需要明示这种限制。

“所有人都是利己主义者”意味着“对于任意生物，只要它是拥有智慧的人类，它就是利己主义者”（此时就应将橡皮擦、甲虫和无脑畸形儿排除在外），“任何食物都能为我们提供营养”等同于“对于任意事物，只要它是食物，它就能为我们提供营养”，上述句子都能表示为 $\forall x\ (Hx \supset Mx)$。

有时，如果我们只需根据前后文就能判断出话题是“食物”，便可不用对“如果它是食物”这一条件进行明示，而直接将“一切都能为我们提供营养”这句话表示为 $\forall x\ (Hx \supset Mx)$。此时一般会对整体进行注释，如“x 的范围（论域）是食物的集合”。

但是，如果觉得每次都要给论域添加备注会影响观感，是不必要的，那么省略论域标注也没有问题。在逻辑学中，问题并不在于各个命题的真伪，而是命题之间的关系，尤其当我们假定某一连串命题为真后会导出怎样的命题——对这种“逻辑关系”的研究才是逻辑学的目的，所以对各个命题真假的严密判定其实是可以省略的。

**小知识**

全称量化——通过给开放句加上“所有”这一量词使其变为命题。“人类是动物”这类“F 是 G”形式的句子被全称量化之后，通常表示为“所有的 F 都是 G”。

实际上，$\forall x\ Mx$ 这一形式的句子几乎不会出现在逻辑学论证中，几乎所有全称量化的命题函数都以 $\forall x\ (Hx \supset Mx)$ 形式登场。因此，我们几乎不需操心论域的设定。

## “存在”的逻辑形式

“某人可以在 5 秒内跑完 100 米。”

这句话可以翻译为“存在 x，x 可在 5 秒内跑完 100 米”。设定“在 5 秒内跑完 100 米”这一谓语为 T，就变为“存在 x，Tx”。再利用逻辑符号进行表示——

∃x Tx

为了让它看起来更加简洁明了，再给它加上括号，写作 ∃x（Tx）、（∃x）Tx 等。这种由 ∃x 表示的量化被称为“存在量化”。

**小知识**

存在量化——通过给开放句加上“存在”这一量词使其变为命题。一般来说，全称量化“所有的 F 都是 G”可以推导出存在量化“存在 F 是 G”，但在“F 不存在”这一特殊情况下，前者为真，后者为假。

但作为符号，其实它并不完全正确。我们要如何应对以下反驳呢？

“∃xTx 应该为真。猎豹跑完 100 米连 4 秒都用不到，汽车和电车就跑得更快了。所以∃xTx 为真。”

我们应该会这样回答吧，“不，这里说的并不是‘某物’可以在 5 秒内跑完 100 米，而是‘某人’。∃x Tx 中 x 的总体限定于‘人类’这一生物。所以必须要把猎豹、车，都排除在外”。

在逻辑学中，必须要把“x 仅限于人”这一条件清楚地表示出来。那么应该怎么做呢？因为它是条件，所以只要使用“如果，就”就可以了。也就是说，和上一节中“所有的”一样，我们应该用符号将其写作（假设谓语“是人类”为 H）——

$\exists x(Hx \supset Tx)$

这可以读作：“存在 x，如果 x 属于人类，那么 x 可以在 5 秒内跑完 100 米。”

但是，这样就够了吗？

“存在 x，如果 x 属于人类，那么 x 可以在 5 秒内跑完 100 米”真的可以翻译为“某人可以在 5 秒内跑完 100 米”

吗？——实际上并不能。

“某人可以在 5 秒内跑完 100 米”意味着“存在可以在 5 秒内跑完 100 米的人类”。也就是说，在这个命题中已经包含了人类这一存在。但 ∃x( Hx ⊃Tx )中的“Hx”并不具有“存在人类 x”这一含义，更无法表达“存在 5 秒内跑完 100 米的人”的含义了。

让我们试着把 ∃x（Hx ⊃Tx）拆开解读：“存在 x 使下述事项成立。也就是说，如果这个 x 属于人类，那么 x 可以在 5 秒内跑完 100 米。”如果 x 不属于人类，或者实际上存在某物可以在 5 秒内跑完 100 米时，（Hx ⊃Tx）就为真，这意味着至少存在一个 x 满足上述情况，因此 ∃x（Hx ⊃Tx）这一整体也为真。也就是说，要想让（Hx ⊃Tx）成立，其实并不需要“存在 5 秒内跑完 100 米的人类”这一具体事例。

事实上，哪怕根本不存在能够在 5 秒内跑完 100 米的人，∃x（Hx ⊃Tx）也是成立的。哪怕我们指着汽车说“如果它是人，那么它可以在 5 秒内跑完 100 米”，这句话也为真。当然这也是因为这辆车的确能够在 5 秒内跑完 100 米，但另一个原因是“这辆车不是人”。在介绍“如果，就”时也提到过，只要代入 x 使 Hx 为假，“如果 Hx 那么 Tx”这一整体就一定为真。如果将上述汽车代入 x，Hx ⊃Tx 就为真，∃x（Hx ⊃Tx）也为真。

尽管根本不存在能够在 5 秒内跑完 100 米的人，∃x（Hx ⊃Tx）也为真。这就意味着这个表述（翻译）是错误的。那么究竟怎样的表述才是正确的呢？

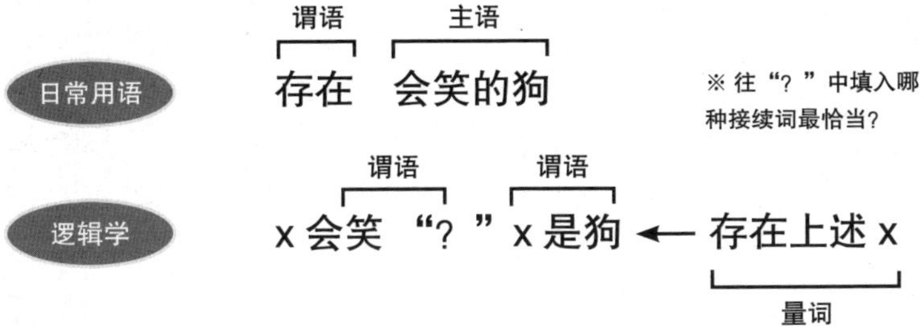


逻辑学式表述

# 19 遵照逻辑学的语法，而非日常用语语法

## “所有”和“存在”的逻辑形式

“某人可以在 5 秒内跑完 100 米。”

这句话不能被表述为 $\exists x(Hx \supset Tx)$。因为，只要 Hx 为假，即只要存在一个不属于人类的 x，$Hx \supset Tx$ 就为真，进而 $\exists x(Hx \supset Tx)$ 也为真。但我们所说的“某人可以在 5 秒内跑完 100 米”并不意味着“存在非人的事物”。这说明 $\exists x(Hx \supset Tx)$ 这一表述并不准确。

正确的表述应当强调存在可使 Hx 成立的 x，如果满足 Hx 的 x 不存在时，整体就应该为假。也就是说，应该为以下表述——

$\exists x(Hx \wedge Tx)$

这意味着 x 既要是人类，也要能够在 5 秒内跑完 100 米。这才是“某人可以在 5 秒内跑完 100 米”的正确符号化表述。若存在 x 使 $Hx \wedge Tx$ 成立，$\exists x(Hx \wedge Tx)$ 则为真，不存在则为假。

这样一来我们就能获得以下两种认识：

A：“某只狗会叫”　　$\exists x(Dx \wedge Bx)$

B：“所有狗都会叫”　　$\forall x(Dx \supset Bx)$

在日常语法中，A 和 B 的谓语都是“叫”，区别只在于 A 的主语为“某只狗”，而 B 的主语为“所有狗”。也就是说，A 和 B 的区别只在主语。

这似乎意味着哪怕把 A 和 B 都表述为逻辑符号，不同之处也只有“主语”，或者考虑到“某只狗”和“所有狗”这类表面主语其实是量词，所以翻译过后的两个句子应该形式相同而量词不同。

但是，实际上用逻辑学语言对 A、B 进行表述后就会发现，不仅“某只”和“所有”的部分不同，它们各自所使用的接续词也不同。

在上节中我们已经知道不能将“某只狗会叫”写作 $\exists x(Hx \supset Tx)$，出于谨慎，在此我们再来了解一下为什么不能把“所有狗都会叫”翻译成如下表述——

$\forall x(Dx \wedge Bx)$——C

C 意味着“所有事物都是狗且会叫”，即“所有事物都是会叫的狗”。但这明显和“所有狗都会叫”不同。不属于“会叫的狗”的事物，比如，不会叫的猫，和会叫的乌鸦，它们都不会对“所有狗都会叫”这一命题的真假产生影响。但是，不管是乌鸦还是猫抑或是橡皮擦，只要存在不属于“会叫的狗”的事物，“所有事物都是会叫的狗”这一命题就为假。由此可知，将“所有狗都会叫”翻译为 $\forall x(Dx \wedge Bx)$ 是错误的。

当不会叫的狗存在时，“所有狗都会叫”才为假。“所有狗都会叫”必须改写为“对于任意事物，只要它是狗，它就会叫”，即 $\forall x(Dx \supset Bx)$。

当然了，如果论域限定为所有狗的集合，那么“所有狗都会叫”也可以写作 $\forall x(Dx \wedge Bx)$。此时，$Dx \wedge Bx$ 这一部分是多余的，$\forall x(Dx \wedge Bx)$ 等同于 $\forall xBx$。而为了表明论域限定为狗（对未明示的论域进行补充说明），就必须加上“$Dx \supset$”而不是“$Dx \wedge$”。

**小知识**

日常用语与逻辑学——日常用语的语法和逻辑学语法经常出现分歧。虽然不能决定它们孰对孰错，但至少在需要严密论证的情况下，如果不按照逻辑学的语法进行表述，则可能会导致句意紊乱。

# 20 合式公式其实意外地自由

## 合式公式的复数翻译

“存在会叫的狗”写作 $\exists x(Dx \land Bx)$。

“所有猫都会挠人”写作 $\forall x(Cx \supset Sx)$。

从命题到逻辑符号的翻译过程就是这样的。那么要如何将下列命题翻译为符号呢？

“存在会叫的狗，并且，所有猫都会挠人。”

因为上述命题中的两个句子是通过“并且”连接在一起的，所以应该写作——

$\exists x(Dx \land Bx)$ 且 $\forall x(Cx \supset Sx)$

因为“且”写作 $\land$，所以还可以继续简化为——

$\exists x(Dx \wedge Bx) \wedge \forall x(Cx \supset Sx)$

那么这一句又如何呢？

“不存在会叫的狗，且存在不会挠人的猫。”

这时，前文中“并且”所连接的两个句子都遭到了否定。“存在会叫的狗”的否定为“不存在会叫的狗”，“所有猫都会挠人”的否定为“存在不会挠人的猫”。这样一来，就能翻译为——

非 $\exists x(Dx \wedge Bx) \wedge$ 非 $\forall x(Cx \supset Sx)$

然后我们再用“~”替代“非”这一否定词——

$\sim \exists x(Dx \wedge Bx) \wedge \sim \forall x(Cx \supset Sx)$

为了强调“~”否定的是一个整体，还可以加上括号——

$\sim [\exists x(Dx \wedge Bx)] \wedge \sim [\forall x(Cx \supset Sx)]$

当然了，如果确定不会产生误解的话，还是去掉括号看起来会更加整洁一些。

像这样，“不存在会叫的狗，且存在不会挠人的猫”这一命题就被表述为 $\sim \exists x(Dx \wedge Bx) \wedge \sim \forall x(Cx \supset Sx)$，但这并不是唯一的，根据不同的目的还可能有多种表述方法。

比如说，因为 $\exists x(Dx \wedge Bx)$ 这一部分也是一个完整的命题，所以让我们试着把这整句话表示为 P。

$\sim P \wedge \sim \forall x(Cx \supset Sx)$

这也是“不存在会叫的狗，且存在不会挠人的猫”的翻译，但和之前的比起来，它要更为粗略一些。

接下来只要把 $\forall x(Cx \supset Sx)$ 这一部分也表示为 Q，翻

译就会变得更加粗略。

$\sim P \wedge \sim Q$

再进一步，把否定句也当作一个命题——

$R \wedge \sim Q$

再重复上述步骤就能得到——

$R \wedge S$

再把这一整体都视作一个命题，将“不存在会叫的狗，且存在不会挠人的猫”表示为 T 也没有问题。至于想写得多简略则需要根据你的目的自行斟酌。

但不能写成 $\sim \exists x(Dx \wedge Bx) \wedge \sim \forall x\ P$。

在此表述中，$Cx \supset Sx$ 这一部分被表示为 P，但因为 $Cx \supset Sx$ 是开放句，所以不能将其看作命题 P。

同理可知，$\sim \exists x(Dx\ Q) \wedge \sim \forall x(Cx \supset Sx)$ 也是错误的。

如果变项（x 或 y）在不知不觉中消失了，对真值的评价就会产生混乱。如果我们能够分辨出怎样的表述作为翻译是正确的，怎样的表述是不正确的，就能慢慢体会到自由使用符号的逻辑表述之乐趣所在。

| | W |
|---|---|
| V | 非 |
| （P或U） | 非 |
| [（P且Q）或（如果R那么S）] | 非 |
| [T或（如果R那么S）] | 非 |
| [（P且Q）或U] | 非 |

符号表述的自由（根据不同目的）

## 练习题

假设“不存在会叫的狗，且存在不会挠人的猫”的基本符号化为——

$\sim \exists x(Dx \land Bx) \land \sim \forall x(Cx \supset Sx)$

如上文所述，翻译的方法有多种，所以请试着思考能不能将同一句话翻译成下列句式。

①$\sim \exists x(Fx \land Gx \land Bx) \land \sim \forall x(Cx \supset Sx)$

②$\sim \exists x(Dx \land Bx) \land \sim \forall x(Fx \land Gx \supset Sx)$

这两种写法都是可以的。和上节中提到的“更粗略的符号化”相反，这是“更精细的符号化”。如果把第①种翻译重新写成一个完整的句子应该是：“不存在会叫的，沦为家畜的狼，且存在不会挠人的猫。”

第②种翻译则可以复原为：“不存在会叫的狗，存在不会挠人的白猫或不会挠人的白色以外的猫。”

第①种翻译把狗分解为“沦为家畜的”和“狼”这两个并列的成分。第②种翻译则把猫分为“白猫”和“白色以外的猫”这两大类。

在逻辑学中，将一个命题变为符号之际，如果正确的符号表述存在复数个，那么选择其中的哪一个都没有问题。只要所选的表述可以使议论平稳进行即可。

再来看看其他例子。“太郎羡慕次郎”要如何用符号表示呢？

该句中，“太郎，次郎”这一组合适用于二元谓语“羡慕”，故可以表示为——

K（t，j）

K 为二元谓语“……羡慕……”。但这并非唯一可行的符号化表述，以下两种表述也十分有力。

M（t）　N（j）

M 为一元谓语“……羡慕次郎”，N 为一元谓语“太郎羡慕……”。太郎、次郎可分别适用于 M 和 N。

那么“比起次郎，太郎更喜欢三郎”又如何呢？

一般“比起……，……更喜欢……”为三元谓语 F，用符号表示为 F（t，j，s），除此之外，还有下列几种表述。

G（t） H（t，j） I（j） J（j，s） K（s） L（t，s）

想必各位已经知道应该如何对 G、H、I、J、K、L 这类谓语进行解读了吧。

G 为“比起次郎，……更喜欢三郎”，像 H 这样的二元谓语解读起来可能有些困难。只要机械性地往 t、j 里套入变项，就知道谓语 H 表达的是“x 比起 y 更喜欢三郎”。但要想自然地表达“更喜欢三郎”，让第一项作为喜欢的主体，第二项作为被喜欢的客体，可能会更难理解一些。用日语表达合式公式时经常会给人一种不自然的感觉，但从逻辑符号的表现自由角度来看这是理所当然的。

顺带一提，我们也可以将“比起次郎，太郎更喜欢三郎”这一整体表示为符号 P，这也是正经的逻辑符号。

H t j A

**“花子向太郎说次郎的坏话”**

| | | |
|---|---|---|
| | A（h，t，j） | 谓语 A：“说坏话” |
| 符号表现是自由的（根据不同目的） | $A_1$（h，t，j） | 谓语 $A_1$：“向太郎说次郎的坏话” |
| | $A_2$（h，t，j） | 谓语 $A_2$：“从花子那儿听到关于次郎的坏话” |
| | $A_3$（h，t，j） | 谓语 $A_3$：“被花子向太郎说了……的坏话” |
| | $A_4$（h，t，j） | 谓语 $A_4$：“说次郎的坏话” |
| | $A_5$（h，t，j） | 谓语 $A_5$：“从花子那儿听到了……的坏话” |

符号表现的自由（根据不同目的）

# 22 『非现实世界』要如何使用？

## 模态与可能世界

一般在逻辑学中只在乎命题的真值，而不在乎命题获得真值的“方法”。命题“获得真值的方法”的差别在于，命题是偶然为真，还是必然为真；是偶然为假，还是必然为假呢？

用符号区别这些差异，探究“获得真值的方法”的逻辑构造的扩张版逻辑学被称为“模态逻辑学”，各种学者正在对这个模态逻辑学展开细致的探究。

“日本的首都是东京”是必然为真，还是偶然为真呢？必然为真意味着不可能为假，偶然为真则意味着它还可能为假。通常设“必然”和“可能”为最基本的模态词。命题 P 必然为真或可能为真分别写作 P 和◇ P。

必然与可能之间存在对称性关系。P 与非“[ ◇（非 P）]”同义，而◇ P 也与非“[（非 P）]”同义。用上否定符号 ~，这个对称性就更明显。

□ P ≡ ~（◇（~ P））　　◇ P ≡ ~（□（~ P））

由于否定的范围是确定的，因此我们可以把括号去掉。

□ P ≡ ~ ◇ ~ P　　◇ P ≡ ~ □ ~ P

也就是说，当必然与可能之间夹着“否定”时，就会互相颠倒过来。利用双重否定就是肯定的原理，将两边同时否定，就能得到更加显而易见的关系。

~ □ P ≡ ◇ ~ P　　P 是非必然的≡非 P 是可能的

~ ◇ P ≡ □ ~ P　　P 是非可能的≡非 P 是必然的

然后我们就可以对形式优雅的模态逻辑学进行展开。其他的模态，诸如“P 偶然为真”等同于“P ∧ ◇ ~ P”。

如果只观察雨，哪怕知道下雨的真假，也无法判断其模态。这时就出现了一个难题，把真命题分为必然和偶然、把假命题分为可能和不可能的判断根据究竟是什么呢？

像同义反复（第 2 章第 12 小节）那样的逻辑真理必然为真，类似对同义反复的否定这样的逻辑矛盾则不可能为真，此外的经验命题都既可能为真，也可能为假——像这样的分类方式比较普遍。类似“地球变成了甜甜圈”这种由常识来看绝对不可能发生的事件由于它不存在逻辑上的矛盾，所以也可能为真。

**小知识**

模态逻辑学——这个命题究竟是偶然为真（假），还是必然为真（假）呢？——用符号表示这一区别，并探究其逻辑构造的逻辑学被称为模态逻辑学。除了必然、可能、偶然等基本模态之外，模态逻辑学研究的对象还包括义务和许可等伦理概念，未来和过去等时间概念，信念和疑问等认识模态。

为了通过直观理解模态，并建立起逻辑体系，20 世纪 50 年代中期以后，“可能世界”（第 3 章第 11 小节）这一概念被广泛运用至今。可以将可能世界看作是代替现实世界的各个假想世界。在各个可能世界中，所有命题都存在真假。顺带一提，现实世界也被认为是一种可能世界。

可能世界论的功绩是它将模糊的模态命题替换为与可能世界相关的非模态记述。某个命题是“必然的”“可能的”“不可能的”“偶然的”，可以分别解释为这个命题“在所有可能世界都为真”“在某个可能世界为真”“在所有可能世界都为假”“在某个可能世界为真，在别的可能世界为假”。不难看出，原先难以把握的本质表述都被转化成了容易理解的量化表述（“所有”“存在”）。以防万一，我们再确认一下量化是否具备上述对称性。

$\sim \forall x\ F\ x \equiv \exists x \sim F\ x$

并非所有事物都是 F ≡存在非 F 的事物

$\sim \exists x\ F\ x \equiv \forall x \sim F\ x$

不存在 F ≡所有事物都不是 F

**小知识**

可能世界的本质——虽然可能世界是思考的清晰化所需的强力武器，但关于可能世界究竟“是什么”这一问题，学界的意见尚未统一。有人认为只要能用即可，但哲学家们则对“何谓可能世界”这一基础问题积极地展开了讨论。

# 04
# 确认逻辑学的原理

## 01 理所应当的原理能起作用吗？

### 同一律

逻辑学中最基本的推理规则应该是“同义反复”（见第 2 章第 12 小节）。假设“火星存在生命”，基于这个假设，我们可以得出“火星存在生命”的结论。也就是说，可以通过“火星存在生命”这一前提得到“火星存在生命”的结论。

可能有人会想，这不是理所当然的吗？确实这是一个人尽皆知的法则。但我们绝不可小瞧这个同义反复。只要假设命题 P 为真就能得到结论 P，我们可以将这一原则整理成一个句子——

“如果 P 那么 Q”形式的命题必然为真。

这个原理被称为“同一律”。这意味着如果一个句子能改写成“如果 P 那么 Q”，且原意不发生改变，那么它必然为真。反过来说，如果一个句子被改写成“非”（如果 P 那么 Q）之后原意不发生改变，那么这个句子一定为假。与 P 对应的句子可以是单纯的，也可以是复杂的。总而言之，用“如果，就”将包含主语和谓语的有意义的语言表述连接起来，再重复两遍，所得的句子一定为真。

同一律与同一性原理

## 似是而非？

存在一个和“同一律”相似的原理，叫作“同一性原理”。同一性原理表述如下——

无论 a 是什么，a=a 都为真。

同一律与同一性原理，看起来相似实际上是完全不同的两个概念。同一律“如果 P 那么 Q”连接的是命题和命题。“如果，就”被称为“命题连接词”（在日常语法中被称作“接续词”）。与此相对，同一性原理“a=a”连接的则是物与物。“=”

为谓语(关系词)"……等于……",和"……比……更美""……羡慕……"这类动词和形容词属于同一种类。

"如果P那么P"的P本身已经存在真假了,但"a=a"中的a则没有真假。比如,我们可以说"如果北极星是恒星那么北极星是恒星",但不能说"如果东京铁塔那么东京铁塔"。这违反了语法。相反地,可以说"东京铁塔＝东京铁塔"(东京铁塔是东京铁塔),但不能说"北极星是恒星＝北极星是恒星",这也违反了语法。

虽然不能说"如果东京铁塔那么东京铁塔",但可以说"如果这是东京铁塔,那么这是东京铁塔"。因为这时"如果,就"所连接的不是东京铁塔和东京铁塔这两个名词,而是以东京铁塔为谓语的存在真假的两个相同命题。

同样地,虽然不能说"北极星是恒星＝北极星是恒星",但可以说"'北极星是恒星'＝'北极星是恒星'"。由于两个命题分别带上了引号,此时这两个命题不被用来传递信息,而只作为提示,这意味着这个被提示的文字列"北极星是恒星"和"北极星是恒星"这一文字列是同一的。这并未违反语法。因为话题并非北极星和恒星这类与天文学相关的事实,而是文字这一事物。

## 矛盾律与排中律

最广为人知的逻辑学原理应该是“矛盾律”，它的原则是“不能有矛盾”，我们可以将其表示为（P 为任意命题）——

不存在“P 且不是 P”

由于词汇之间的关联比较模糊，让我们给命题加上“非”来表示否定——

P 且非 P 必然为假

“P 且非 P”形式的命题，无论其内容如何，都不会为真。反过来说，“P 且非 P”的否定“非”（P 且非 P）形式的命题必然为真，且体现了矛盾律本身。

“排中律”虽然没有矛盾律那么出名，但也同等重要。

## P 或非 P 必为真

“P 或非 P”形式的命题，无论内容如何都一定为真。单靠命题形式就能判断真假的命题有多种，“P 且非 P”是必然为假的代表例，“P 或非 P”则是必然为真的代表例。

## 要注意排中律的“写法”

为了对矛盾律和排中律进行说明，书上经常能看到这两句话。

矛盾律：A 是 B 且 A 非 B 这样的事不可能发生。

排中律：A 是 B 和 A 非 B 其中必然有一项为真。

上述“原理”正确吗？实际上，虽然矛盾律没有问题，但排中律的上述表达方式则可能会导致误解。我们来看看可能会使人感到不解的例子。

①海螺小姐右边脸上有痣，或没有痣，两者必然有一个为真。

②太郎戒烟了，或没戒烟，两者必然有一个为真。

③德川家康可被 3 整除，或不可被 3 整除，两者必然有一个为真。

这三个命题虽然看起来和排中律的形式一样，但总让人觉得可疑。①是对非存在的叙述，②是基于默认前提的叙述，③则是带有荒谬谓语的叙述。这三种叙述都让人无法否定也无法肯定，难以判断其真假。比如在②中，如果连太郎抽过烟这一前提都都不成立，那就更无从谈起戒烟与否的问题了。

因此，排中律在书写时不能将主谓语分开，而要以命题整体为单位进行表述。“德川家康可被 3 整除”和“非”（德川家康可被 3 整除）中后者为真，“海螺小姐的右边脸上有痣”和“非”（海螺小姐的右边屁股上有痣）中也是后者为真，因为海螺小姐的屁股根本就是不存在的。

就算矛盾律使用“A 是 B 且 A 非 B 这样的事不可能发生”这样通俗的表达方式，也不会像排中律那样产生矛盾。但是，鉴于逻辑体系，矛盾律也应该像排中律那样，采用与整体命题相关的表述——“P 且非 P 非假”。

①海螺小姐的右边脸上有痣

②海螺小姐的右边脸上没有痣

③非（海螺小姐的右边脸上有痣）

④非（海螺小姐的右边脸上没有痣）

答案：①假，②假，③真，④真。因为③④分别是①②的否定，故均为真

这四个命题的真假是？

## 真理谓语的范围

一方面对于任意命题P，其肯定和否定不可能同时为真，这是“矛盾律”的原理。另一方面“排中律”的原理是对于任意命题P，其肯定和否定形式中必然有一个为真。相较于矛盾律，排中律经常遭到逻辑学家的质疑：“它真的正确吗？”

之所以遭到质疑，似乎是因为排中律可以有各种表述形式。试着对下列三种排中律进行思考。

A：“P或非P”为真。

B：“P为真”或“非P为真”。

C：“P为真”或非“P为真”。

需要注意的是，“为真”这一谓语和“非”这一否定词的作用范围并不相同。我们还可以再展开得通俗一些——

A：“P 或 P 的否定”是正确的。

B：“P 是正确的”或“P 的否定是正确的”。

C：“P 是正确的”或“P 是不正确的”。

A 中“正确”修饰的范围最大，C 中“正确”修饰的范围最小。

## “排中律”居然不被认可？

根据对“正确”（为真）一词的解释，有时候这三个命题可能无法同时成立。假设命题 P 为“到了公元 1 万年，会有人居住在太阳系之外”，而“正确”的含义为“这在 21 世纪就已经得到了确定”。这样一来 A 就是成立的。因为在 21 世纪这一时间点已经可以确定“到了公元 1 万年，会有人居住在太阳系之外，或没有人居住在太阳系之外”。C 应该也没问题。因为“到了公元 1 万年，会有人居住在太阳系之外”这句话一定是正确或不正确的其中一方。

但应该有很多人感觉 B 是不成立的。B 意味着“‘到了公元 1 万年会有人居住在太阳系之外’这句话的正确与否现在就已经得到了确定”，但到底到了公元 1 万年会不会有人居住在太阳系之外这一点在当今阶段可能还完全没有得到确定。认为未来已经事先决定好了的观点被称为“决定论”，认为未来并未确定的观点被称为“非决定论”，B 所表现的应该就是决定论的世界观吧。而非决定论者是不会认同 B 版本的排中律的。

**小知识**

决定论与非决定论——决定论认为未来独立于人类知识，已经被决定好了。而非决定论认为未来尚未被确定，并且时刻都在发生变化。有关“自由”与决定论是否两立这一问题的议论在哲学界也从未停止过。

再进一步说，C 是不是有些可疑呢？C 指的是“到了公元 1 万年，会有人居住在太阳系之外”这件事现在已经得到了确定或尚未得到确定，也就是说，C 的主张是决定论与非决定论之中有一个是正确的。但我们要怎样才能知道决定论与非决定论孰对孰错呢？而严格的实证主义者则会说，因为它们双方都无法得到实际证明，所以决定论与非决定论都是不成立的。

从“实证主义”的立场来看，可能只有排中律 A 能够得到认可。实际上，一般说到排中律，正确的表述仅限于“P 或非 P”这样形式的命题。像 B 和 C 这样根据解释不同可能为假的句子应当被称为准排中律。

# 04 『不否定』即『肯定』吗？

## 双重否定

也许很多人第一次听到双重否定这一概念是在英语课上。当然日语中也有许多双重否定的说辞，如果不是在学习外语这样对语言格外敏感的时候，我们几乎不会意识到双重否定的存在，因为它就是这么自然地出现在我们的生活中。

“也不是不能赞同”“应该没人不知道这件事吧”“不可能没有危险”——日常用语的双重否定，比起直接肯定，一般会带上含蓄的修饰来传达保留或委婉的意志，有时也会反过来表示强调。

但是逻辑学中所说的双重否定则完全等同于没有否定的肯

定。“鲸鱼不可能不是哺乳动物”意味着“鲸鱼是哺乳动物”，“火星上不会没有生命”则意味着“火星上有生命”，这是逻辑学中双重否定的基本。

## “否定”可以有许多种解释

但要注意两点。

第一，通过实证主义观点对“非”进行解释的逻辑学也是存在的。也就是说，将“非”这一词理解为“无法证明为真”。在这种实证主义式逻辑学中，双重否定不等同于肯定。因为“火星上不会没有生命”意味着“‘无法证明火星上有生命’这一命题无法证明”，并没有直接对火星上的生命进行肯定，而是委婉地保留意见。

**小知识**

实证主义——认为应该通过实际的经验对命题的真假进行检验，而否定其他检验方法的观点。尊重超越人类内心的外部世界的“实在论”是其根本动机，但由于实证终究是对人类感觉的证明，所以很容易陷入否定无法感知的超越性实在的，对人心的存在方式评价过高的反实在论的“唯心主义”。

还可以将“非”解释为“可证那它的逻辑学考试应该没有及格明为假”。这样一来，“火星上不会没有生命”就意味着“‘无法证明火星上没有生命’这一命题是可证的”。虽然稍微有些复杂，但这也没有直接肯定火星上的生命，而且渐渐接近于“也不能断定为没有”这样的日常用语。

第二，“鲸鱼不可能不是哺乳动物”等同于“鲸鱼是哺乳动物”，这句话听起来可能很自然，那下面这句话又如何呢？

“喜马拉雅雪男不会不是哺乳动物。”

如果把“不是”看作对整体命题的简单否定，“为假”（喜马拉雅雪男是哺乳动物为假）这一双重否定通过两次反转形成了肯定句“喜马拉雅雪男是哺乳动物”。此时就等于默认喜马拉雅雪男存在，且它为哺乳动物。

但否定的对象也可以不是整体命题，而仅限于谓语。此时，我们可以将此双重否定句解读为“（喜马拉雅雪男‘不是哺乳动物’）为假”，同时将句中第一重否定称为谓语否定，第二重否定称为命题否定。由于这句话中存在“雪男是哺乳动物之外的某种事物”这一否定，所以这种表述方式考虑到了雪男可能并不存在。

这句话又如何呢——“中村不可能不知道自己考试不及格了”。一方面，这句话并不等同于“中村知道自己考试不及格了”。“中村知道自己考试不及格了”的前提是“中村考试不及格了”。另一方面，“中村不可能不知道自己考试不及格了”这句话中的“不知道”是谓语否定，所以虽然中村考试不及格这一前提得到了保存，但由于“不可能”这一命题否定，使得中村考试不及格的前提被解除，句子的意义也发生了改变。如果我们重复命题否定，把该句改写成“（‘中村知道自己考试不及格’为假）为假”之后，就可以等同于“中村知道自己考试不及格”。

由于“非”的含义模糊，所以对它是实证主义式否定还是简单否定，是命题否定还是谓语否定的确定尤为重要（第 2 章第 10 小节）。

## 05 具有代表性的三段论是什么？

### 肯定前件，否定后件

逻辑学基本的推理形式是“三段论”。直言三段论不止一种。最普通的三段论是“肯定前件”。它也被称为“肯定式”，如下文所示（P、Q 为任意命题）——

如果 P 那么 Q　　$P \rightarrow Q$

这就意味着通过“如果逻辑学考试及格，太郎就能毕业”和“太郎在逻辑学考试中及格了”可以推导出“太郎能毕业”。这是所有人都能使用的最正统的推理吧。

下一个是较为流行的三段论——“否定后件”。否定后件可以表示为——

如果 P 那么 Q　　　非 Q → 非 P

这意味着通过“如果逻辑学考试及格，太郎就能毕业”和“太郎没能毕业”可以推导出“太郎的逻辑学考试成绩不及格”。心理调查表明，似乎比起肯定前件，这个推理对人来说更难理解。因为几乎所有人都能判断前件肯定是正确的，而当否定后件的句子变长之后，多数人就无法对否定后件的正确与否进行判断。

但实际上，否定后件和肯定前件是完全相同的。为此，我们来想想“对偶”这一概念。

对偶的原理是，“如果 P 那么 Q”等同于“如果非 Q 那么非 P”。比如，“如果太郎的逻辑学考试及格了，他应该已经来参加毕业典礼了”和“太郎如果没来参加毕业典礼，那他的逻辑学考试应该没有及格”是一样的。这在直观上也是显而易见的。因此，试着把否定后件的“如果 P 那么 Q”替换为“如果非 Q 那么非 P”吧。

如果非 Q 那么非 P　　非 Q →非 P

这在形式上和肯定前件相同。此时如果我们把非 Q 替换为 P，非 P 替换成 Q，就会变成——

如果 P 那么 Q　　　P → Q

虽然在这里我们做的是“把非 Q 替换为 P，非 P 替换成 Q”，但实际上在对推理中表示命题的文字（P、Q、非 P 等）进行替换时，只要满足下列三个条件即可：

A：不能只换一部分，而要一起全部替换。

B：只用一种文字替换同一类文字。

C：对不同种类的文字也要用不同种类的文字来替换。

**小知识**

三段论——从两个前提推导出一个结论的推理方法。前提的数量不一定只有两个，可以是一个也可以是三个或以上，但各种传统推理模式都被慢慢定型为三段论。

由于文字本来就是用来表示任意命题的符号，所以只要文字的区别不是模糊的，就算把所有文字都替换掉内容也不会发生改变。因为对于推理的正确性而言，重要的只有形式。

还存在与“肯定前件”和“否定后件”相对应的推理——“否定前件”和“肯定后件”，可表示为以下形式——

否定前件：如果 P 那么 Q　　非 P → 非 Q

肯定后件：如果 P 那么 Q　　Q → P

不过这两种推理并不正确。虽然有时候它们可以成为引导思维的有效指针，但在逻辑上是错误的。带入具体命题就能发现它们无法得出正确的结论（第 5 章第 4 小节）。

# 06 明明原理是对的却做错了

## 对偶

A：如果不伦是不好的，那么应在刑法上对其施加惩罚。

B：如果不伦不应在刑法上被施加惩罚，那么不伦不是不好的。

这两个命题都在叙述同一个内容，因此 A 和 B 的真假必定一致。

“如果 P 那么 Q”和“如果非 Q 那么非 P”是一样的。很多时候，虽然“如果 P 那么 Q”不能直接证明，但如果是“如果非 Q 那么非 P”就勉强能够证明。这时如果使用“对偶”的原理，只要证明了“如果非 Q 那么非 P”为真，那么等同于证明了“如果 P 那么 Q”为真。

对偶是正确的逻辑原理，不存在例外。但在日常用语中，有时候对偶看起来是不成立的，比如——

“如果地球的资源枯竭了，那么人类会向宇宙进发。”

这个命题的对偶是什么呢？约一半的人会给出下面这个答案。

“如果人类不向宇宙进发，那么地球的资源就不会枯竭。”

是不是非常奇怪，后面这句话仿佛在说，只要人类死抓着地球不放，地球资源就不会枯竭。但原文叙述的则是完全不同的另一件事，它指的是，因为只要人类还待在地球上，地球资源早晚会枯竭，所以这时候人类就必须向宇宙进发。这个命题也许是真的，但其“对偶文”则明显为假。如果是对偶，那么只要原文为真，对偶文就必定为真，为什么在这里会出现分歧呢？

## “如果，就”表示的是逻辑关系，还是因果关系？

这是由于对偶文的做法出了问题，原文的对偶必须表现如下——

“如果人类不向宇宙进发，那么地球的资源尚未枯竭。”

这意味着人类之所以还停留在地球上，是因为地球的资源尚未枯竭。这和原文“如果地球的资源枯竭了，那么人类会向宇宙进发”所阐述的内容的确是一致的。

“如果人类不向宇宙进发，那么地球的资源就不会枯竭”

这个命题，乍一看好像是原文的对偶，实际上因为它附加了多余的含义，而没能成为原文的对偶。多余的含义指的是因果关系。因为在此句中，“人类不向宇宙进发”仿佛成了“地球资源不会枯竭”的原因。原文中“地球资源将会枯竭”才是“人类向宇宙进发”的原因，因果关系完全相反。

由于逻辑中的“如果，就”在因果关系上是中立的，所以我们必须要根据文章脉络考虑原文的言外之意，猜测其中包含怎样的因果关系。

注意这一点，试着写出下列句子的正确对偶。

“如果没有了暴力犯罪，死刑就不会被执行。”

“如果我通宵，考试就能及格。”

“如果不学习逻辑学，就不会了解逻辑。”

很明显，上述句子的对偶分别为“如果死刑被执行，说明暴力犯罪依然存在”“如果没有及格，说明我没有通宵”“如果了解逻辑，说明学习过逻辑学”。

注意不要把逻辑中的“如果，就”和因果关系的“如果，就”搞混了，也不能将原文中不存在的因果关系添加到对偶之中。

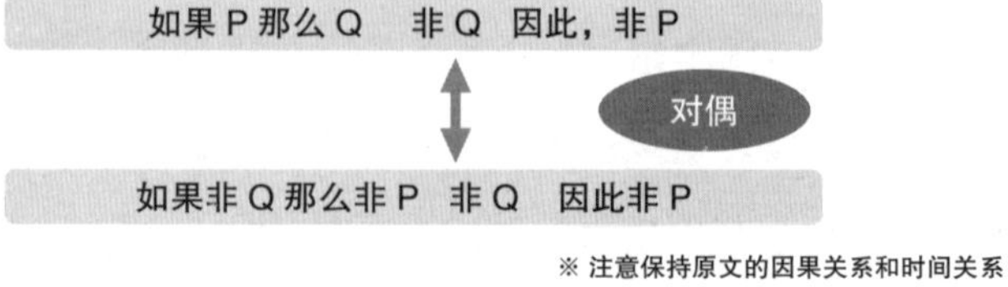


对偶

## 构造性二难推理

让我们来学学在辩论时能发挥最大威慑力的方法。那就是“构造性二难推理”，也可以简单地称其为“二难推理”，首先来看一看它的形式（见第 199 页图）。

可能看起来有些复杂，但其框架简单明了。

①有一些选项，哪怕所有选项都为真，P 依旧成立。

②这些选项之中存在某些选项为真。

③综上可知，不管在哪种情况下 P 都成立（不管哪个选项为真都不会对结论产生影响）。

如果想要证明某件事 P，不必直接去强调 P，而要去证明

P 是通过一些条件而得出的共同结果。

“如果外星人不存在，那么试图与其进行无线电通话是无意义的。”

“如果外星人尚未具备无线电文明，那么试图与其进行无线电通话是无意义的。”

“如果外星人已经具备无线电文明，那么他们应该已经开着宇宙飞船来到了地球附近，此时试图与其进行无线电通话是一件效率低且无意义的行为。”

“宇宙人可能不存在，也可能存在但不具备无线电文明，还可能具备了无线电文明。”

通过上述这四种命题，可以得出结论：“试图和宇宙人进行无线电通话是无意义的。”

### 无法摆脱 P 这一结论？

因为这个论述方法简单得恰到好处可以诱使敌人疏忽大意，同时因其适当复杂可使敌人难以察觉到错误，最终只得举手投降。哪怕一个人不能直接同意 P，也可以通过添加条件“如果 A 那么 P”来为他认同 P 做准备。然后继续向他灌输“如果 B 那么 P，如果 C 那么 P，……，如果 K 那么 P”，等他反应过来，“A、B、C……K”的所有情况都已经列举完了，这时他就不得不承认 P 本身了。

不一定每次都要把“A、B、C……K”的所有条件都列举出来。有时还可以想出和上述所有条件都不同的 L，但它成立的概率极小。在上文的例句中，就没有考虑到“虽然外星人已经具备无线电文明，但还无法进行宇宙航行”这一条件。但如果这种情况发生的概率极低（因为在此情况下，所有具备无线电文明的外星人都要恰好和19—20世纪的地球人属于同一科技水平），此时得到的结论为：“尝试与外星人进行无线电通话这一行为有意义的概率极低。”

当所有情况都由两种条件构成时，特别是“A和非A”，这是二难论法的基础。因为只要认同“如果A那么P”和“如果非A那么P”这两点，由于“A或非P”必然成立（排中律），此时就不得不认可P。肯定A得到的结论是P，否定A得到的结论还是P，“不管选什么都会被P逼到死路”也是这一论法被称为“二难推理”的原因。

前提

如果A那么P
如果B那么P
如果C那么P
⋮
如果K那么P
A或B或C或……或K

结论 P

当所谓的“所有情况”只由两种情况组成时
（将“B或……或K”概括为“非A”）

前提

如果A那么P
如果非A那么P
A或非A

结论 P

构造性二难推理（二难推理）

# 08『宇宙人可能不存在』的否定是什么？

## 部分否定与全部否定

试着写出下列命题的否定，要注意表述清晰。

A：他总说谎。

B：这个房间内的人都出生于 7 月。

C：所有人都憧憬宇宙。

D：有人在某处被杀害了。

E：我跟所有人交情都不好。

F：外星人可能不存在。

### 正确答案与解说

大家做得怎样呢？如果你没怎么学过逻辑学，但能正确无误地回答出上述六个命题的“否定”，那你一定具有相当出色的逻辑天赋。正确答案如下。

非 A：他有时不说谎。

非 B：这个房间内有人并非出生于 7 月。

非 C：有人不憧憬宇宙。

非 D：在任何地方都没有人被杀害。

非 E：有人跟我交情好。

非 F：外星人一定存在。

有人是这样“否定”A 的。

“他总不说谎。”

但是这句话的意思究竟是“他绝对不会说谎”还是“他并非总是说谎”呢？一般我们都会取前者的含义，但“总说谎”的整体否定是后者。由于 A 是对时间的全部否定，所以其否定应当是对时间的不完全肯定，也就是对时间的部分否定。

“并非，总说谎”，即“有时会说真话”。更严密地说，他还可能什么都不说，也可能说的是既不真实也不虚假的毫无意义的话，这也可成为“他总说谎”的否定。所以，“他有时不说谎”才是真正的非 A。

非 B 也是一样，如果回答“所有人非出生于 7 月”，就不好判断它到底是部分否定还是全部否定。因为 B 是对于成员的全部肯定，所以其否定应该是对成员的不完全肯定，也就是部分否定，和 A 同理。

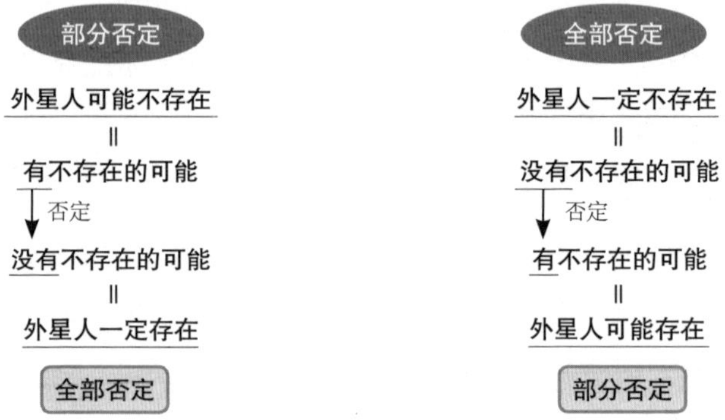


部分否定与全部否定

因为 C 也是对成员的全部肯定，所以和 B 同理。

D 是对场所的部分肯定，因此非 D 就必须不是对场所的部分肯定，也就是对场所的全部否定。

E 是关于对象的全部否定，那么就不能否定全部对象，即通过部分肯定便能得到非 E。

F 看起来有些麻烦。注意不要回答成“外星人可能存在”。因为 F 是对可能性的部分否定，所以不能对可能性进行部分否定，也就是说，只要进行全部肯定即可，比如说，“一定存在”。

只要记住这些模式，哪怕一些肯定或否定表述乍一看含糊不清，也可以看透它们的真正含义，并使自己的议论保持合理。

可能有读者会抱有疑问说，A ~ F 的否定用上文中的非

A ~非 F 来回答真的正确吗？比如，非 A 和非 E 不是应该要解除“他”和“我”这样的前提吗？（第 2 章第 10 小节）因为有力的哲学观点认为，代词的指示对象受到内部经验的保证，所以不解除前提也是没有问题的。总之在本节中我们主要关注的是部分否定和全部否定的关系，所以希望各位在思考的时候能够意识到前提的存在。

## 全称实例化与存在概括

当我们不把整个命题作为单位，在对命题的内部构造进行考虑的同时，可以完成极为精细且特有的推理，在本节中我们就来学习其中的两个推理——“全称实例化”和“存在概括”。

首先，“全称实例化”推理的形式如下：

前提：所有事物都有重量。

结论：这个肥皂泡有重量。

这是妥当的推理。对于所有情况都成立的事项在面对特定情况时也必然成立。因为它在前提中概括全部（全称），在结论中使内容具体到特定例子（实例化），所以称其为“全称实例化”。

全称实例化固然正确，但也要保持谨慎。让我们来看看下面的例子。

前提：所有事物都有重量。

结论：圆周率有重量。

看起来这个推理并不正确。但是全称实例化不应该都是正确的吗？那么这个推理为什么不正确呢？

如果将“所有事物”中的“事物”限定为具体的物体，那就可以确定前提为真。因为结论中的圆周率是抽象事物，所以并不属于前提所说的“物体”。所以这个结论并非前提的反例（圆周率并不能成为没有重量的“物体”的例子）。

以防万一，让我们试着将全称实例化改写成下面的三段论。（第4章第5小节）

前提1：所有事物都有重量。

前提2：圆周率是事物。

结论：圆周率有重量。

这样一来，我们就能看出这个论证是正确的。如果“事物”限定为具体的物体前提2就为假，如果“事物”包含抽象事物那么前提1就为假，但前提为假并不影响论证的正确性。只要能够保证“如果前提为真那么结论也必然为真”，这个论证就充分正确了。只要“事物”这一词的意义不出现分歧，全称实例化的论证就是正确的。

## 中介概念并不一定要是“物”

前提1：所有人类都憧憬宇宙。

前提2：小玉是人类。

结论：小玉憧憬宇宙。

两个前提自不必说，只要是这种形式的推理都是正确的推理。

全称实例化还有一个姐妹，叫“存在概括”。

前提：这个肥皂泡有重量。

结论：某个事物有重量（存在有重量的事物）。

我们从直观上就可以判断出这个推理也是正确的。因为对于特定情况成立的事项，至少在一个情况下是成立的，而“某个事物”就意味着“至少存在一个事物”。因为它在前提中提示具体的“存在”，在结论中将内容一般化（概括）为不特定的例子，所以这种推理被称为“存在概括”。

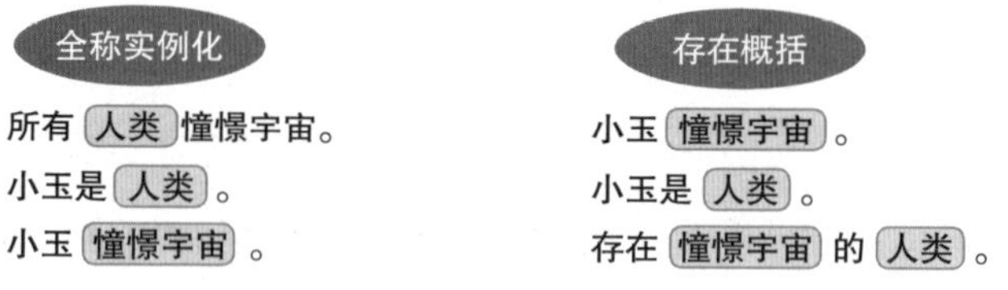


全称实例化与存在概括

## 全称概括与存在实例化

接下来我们来学习两个考虑命题结构而非整体命题的推理——“全称概括”和“存在实例化”。

首先，“全称概括”是如下推理。

前提：对于任意的螳螂，它都是肉食性的。

结论：所有的螳螂都是肉食性的。

这是妥当的推理。任意的，也就是说，不管你抓来的是什么螳螂，它都一定是肉食性的，简而言之，就是“所有的螳螂都是肉食性的”。全称概括就是这样的推理。因为它在前提中叙述不特定的各个事物（全称），在结论中将内容一般化为所有例子（概括），所以这个推理被称为“全称概括”。

而“存在实例化”则是以下推理。

前提：某个爬虫类动物是草食性的。

结论：存在适当的爬虫类动物 a，a 为草食性。

这也是妥当的推理。因为至少“存在”一种草食性的爬虫类动物，那么理应能够举出某种特定的爬虫类动物作为草食性的实例（实例化），所以称此推理为“存在实例化”。当你不知道“特定”的爬虫类动物是什么的时候，就可以像上文给它设一个暂定的名称a，然后写出结论“存在适当的爬虫类动物a，a为草食性”。

### 议论之际发挥效果

各位会不会觉得这些规则好像理所当然，派不上多大用场呢？确实，无论是“全称概括”还是“存在实例化”，单独来看它们都是极为乏味的推理，但它们经常能起到连接复数推理的“浆糊”的作用，具有重要的作用。在此我将举一些简单的例子，让大家看一看全称概括和存在实例化是如何在实际议论中发挥作用的。

对于某个个体，只知道它是螳螂，除此之外什么信息都没有，假设 S 先生会自动地依赖于“该个体为肉食性”这一判断。这样一来，对于任意的螳螂，S 先生都会以“它是肉食性的”作为前提。这时我们就可以断定，如果 S 先生是合理的，那么他应该会对“所有的螳螂都是肉食性的”表示同意（根据全称概括）。反过来说，如果 S 先生会反对“所有的螳螂都是肉食性的”这一命题，那么我们就应该对 S 先生发起批判。

再有，如果 S 先生认同“存在草食性的爬虫类动物”，那么他一定能列举出一种草食性爬虫类动物的名字（根据存在实例化），在此我们假设该爬虫类动物为 A。反过来说，如果 S 先生拒绝把特定的草食性爬虫类动物 A 放在主轴，那么 S 先生就必须否定“存在草食性的爬虫类动物”这一观点。

假设 S 先生发现了一个规律，那就是所有草食性动物体内都具有酶 K。这样一来，爬虫类动物 A 应该也具有这个酶 K。然后，我们就可以通过上节中介绍的存在概括得出“某个爬虫类动物体内含有酶 K”的结论。但是，拒绝指明爬虫类动物 A 的 S 先生则无法得出“存在体内含有酶 K 的爬虫类动物”这一结论（因为无法利用存在实例化）。如果 S 先生给出了上述结论，那我们也应该向他发起批判。

“全称概括”与上节中的“全称实例化”这两种规则，分别将“所有”和“任意”由一方引导向另一方。“任意”指“无论取哪种个体”，因此它当然等同于“所有”。但要是将“所有”理解为抽象几何，那么这个同义性就不存在了。比如，任何的人都有生日，但人类这一集体是没有生日的。

# 11 继续展开自己想要的推理秘诀

## 演绎推理

有时候，前提总是不够用，虽然我们想要展开推理，却恼于无法获得任何结论。

还有些时候，虽然确实通过已有的前提推导出了结论，但又因为这个结论微不足道而感到垂头丧气。

前者想要结论想破了脑袋，后者则希望强化自己的结论。我们分别假设它们为模式（1）和模式（2）。

（1）前提 P——已知正确

前提 Q——已知正确

？猜测 R——只要这个正确……

？结论 S——就能够获得这个结论了……

（2）前提 P——已知正确

前提 Q——已知正确

结论 R or S——虽然证明出来了，但这个结论也太……

一方面，为（1）感到苦恼的人可能觉得如果自己能像（2）一样就心满意足了（为了获得进展总之不会奢求太多，目前最想要的是一个可以断定的结论！）。另一方面，为（2）感到苦恼的人则可能希望拥有（1）那样的猜想（总之想要一个有趣的结论，至于它对不对，只要后续再做调查即可！）。考虑到以上因素，根据议论的目的，将模式（1）转换为模式（2），或者将模式（2）转换为模式（1）的方法被称为“演绎定理”。

**小知识**

演绎定理——或追加前提，或弱化结论，以此继续展开自己所期待的推理。第 2 章第 14 小节中归纳推理与演绎推理的互换也是由广义的演绎定理完成的。粗略地说，归纳的演绎式解释相当于（1）→（2）的变换，演绎的归纳式解释相当于（2）→（1）的变换。

## 顺应目的的变换方法

首先来看看（1）→（2）变换的演绎定理。方法很简单，只要把（1）改写成如下形式。

（3）前提 P——已知正确

前提 Q——已知正确

结论 如果 R 那么 S——经过证明可知它是正确的

如果（1）是正确的论证，那么便可将（3）也看作正确的论证。要把 R 放入前提中还是太不可靠了，此时我们就把“如果 R”作为保留加入结论中，这样一来无论是 R 还是 S 都不必单独断定，而只需要断定“如果 R 那么 S”这一整体即可。毫无疑问，这也是正确的结论。

接着介绍（2）→（1）变换的演绎定理。不能使人满足的结论之代表例有以下两种。由于无法断定 S 为真，结果只能得出两种结论——①“如果 R，那么 S”；②“R 或 S”。然后我们再分别将模式（2）改写成下列两种模式（要注意②等同于“如果非 R 那么 S”）。

（2）’ 前提 P——已知正确

前提 Q——已知正确

① △前提 R

△结论 S

（3）” 前提 P——已知正确

前提 Q——已知正确

② △前提 非 R

△结论 S

此时我们就获得了有趣的结论 S。不过这个结论是由可疑的前提获得的。接下来只需慢慢分析是否能够证明 S 是正确的，然后脚踏实地地研究 R 和非 R 的正确性即可。相较于之前为无趣的结论感到厌烦，现在需要考察的对象也明确了，一定能获得不少工作的动力。

# 12 可以证明某物『不存在』吗？

## 反证法

证明可分为直接证明法和间接证明法。假设我们在某个教室里，并且想要证明“这个教室里存在人类以外的动物”。此时我们就会对墙壁、窗框和桌底等地方进行检查，只要发现了一只苍蝇或蜘蛛，证明就完成了。因为这是一种直接提出实际例子的证明方式，所以是直接证明法。

假设下一次我们想要证明“这个教室里不存在蜻蜓”。教室里有许多由桌子、椅子形成的阴暗空间，哪怕所有人分头查找，也无法同时将所有地方都纳入视野范围内。也就是说，我们是无法直接观察到某物“不存在”的。

此时我们就需要依靠间接证明法。首先假设“蜻蜓存在”。然后把它和“如果蜻蜓存在，那么按照它的习性，它在飞行时经常会发出声音，而吸引我们的目光”这一前提组合起来。就能获得结论：“蜻蜓会吸引我们的目光。”但这又和“没有人看到蜻蜓”这一事实相矛盾，由此可知（假设前提是常识所以无法否定），这个原本根据就薄弱的猜想是错误的。综上所述，“假设它为真，但它与事实不符，因此它为假”——这就是被称为“反证法”（第 2 章第 5 小节）的间接证明法。

反证法和不在场证明等推理还经常被运用于犯罪调查中。因为无法直接证明某人“当时不在 A 市”，所以先假定其“曾在 A 市”，通过“那么他不会同时出现在 B 市”和“实际上那个时候他在 B 市”这一矛盾对猜想进行否定。

## 假设“$\sqrt{2}$是有理数”

蜻蜓或不在场证明终究只是对概率的证明，接下来让我们看一看数学反证法的“严密证明”——$\sqrt{2}$非无理数的证明。

因为我们想要证明的是有理数中不包含$\sqrt{2}$，这也属于“非存在”的证明。由于有理数的数量是无限的，所以直接证明法是不可取的，因为那需要列举出全部有理数并证明它们都不是$\sqrt{2}$。于是，在这里我们也假设“$\sqrt{2}$是有理数”。

因为它是有理数，所以应该可以表示为$\sqrt{2} = a/b$。$a/b$是最简分数，即无法继续约分的分数。

等式两边同时平方后得到 $2 = a^2/b^2$，即 $2b^2 = a^2$，由于

左边是偶数，所以 a 的平方为偶数。因为奇数的平方一定为奇数，所以 a 不是奇数而是偶数。这样一来，就可以写出关于 a 的等式 a = 2c，c 为随意整数。

综合可得 $2b^2=(2c)^2=4c^2$，$b^2 = 2c^2$，由此可知，b 的平方也是偶数。也就是说，b 也是偶数。

这就怪了，a 是偶数，b 也是偶数，那么它们之间肯定存在公约数 2，而刚才我们假设的 a/b 是最简分数。也就是说，$\sqrt{2}$ 可表示为最简分数（有理数）这一假设是错误的。于是就能够证明$\sqrt{2}$ 不属于有理数。

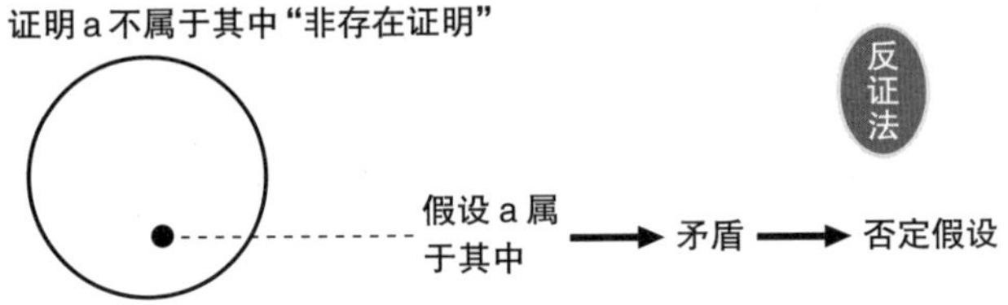


反证法

像反证法这样的间接证明法，比较适合证明某物的"非存在"性；而要证明"存在"时，采用与反证法相似的间接证明法经常也会十分便利。虽然我们可能会有强烈的预感，认为符合所给条件的对象是存在的，但要证明起来却极为困难，这样的事时有发生。此时我们既可以使用反证法，证明其若"不存在"就会产生矛盾，也可使用对偶（见第 4 章第 6 小节）或构造性二难推理（见第 4 章第 7 小节）。基于二难推理的间接证明法的"存在证明"会出现在终章练习题的第四问中。

# 13 假设对方的话是正确的

## 宽容原则

逻辑学和语言学中，存在讨论人类和语言之间关系的分支学科——“语用学”。语用学研究的是各种难以被形式逻辑归纳的语言运用的具体情境。其中“宽容原则”是最为基本的语用学原则。来看看以下对话。

**小知识**

语用学——语言学、语言哲学的一个分支，讨论语言和语言使用者之间的关系。它是并列于讨论语言和语言之间关系的句法学，以及研究语言与语义（只是对象）之间关系的语义学的主要研究学科。

“据说科学家们发现了存在和木星相似的行星的行星系，那里一定也有和地球相似的行星。”

“怎么可能会有和地球相似的行星呢？如果有的话那为什么我们无法从那个方向探测出人工无线电？”

因为语言一定带有一些模糊的含义。在说话人的语言中所包含的复数含义中，只要我们选取其中会对说话人不利的含义进行曲解，就可以随意地进行批判。上述事例中，对于“和地球相似的行星”一词，说话人指的是“并非木星那样的气态巨行星，而是岩石行星，且和恒星之间保持适当距离，质量也接近地球的行星”。而听话人则对这个词的要求更加严格，他的解释是：“像地球那样充满生命，且具备技术文明的行星。”但就算取歧义对说话人进行批判，也只会离说话人的主旨越来越远，交流是不成立的。

所以必须要认识到以下原则。

“当对方的发言存在复数含义时，应尽量往发言为真的方向去埋解。”

也就是说，要遵从于“没有人会特意说假话”这一前提。

相信对方的发言一定是为了阐述正确的事情——这样相互理解，才是交流的一大原则。

### 是谁故意想得复杂?

打破宽容原则的例子在日常生活中随处可见。假设某些人正在大学入学考试中的模式进行议论——

A：“普通入学考试依旧采取以往模式，对学习能力进行检验。而为了使推荐生选拔方法的多样化，要不要事先公开小论文问题或包含考试范围的问题呢？比起以往到了考试时突然让他们回答见都没有见过的问题，这样做更方便学生备考，考生应该也会增加吧。”

B：“如果把考试问题事先公开了，反而会给考生一种很难的印象让他们对本校敬而远之啊。”

这是我参加的会议中实际发生过的对话（A 是我本人），B 先生明显违反了“宽容原则”。事先公开的问题的难度有多种，但他特意假设为“选择难题的情况”，然后否定说“所以这样做会被学生敬而远之”，应该说这是一场毫无意义的自导自演。既然这个方案是为了增加考生，那就不可能会选择给考生带来不好印象的复杂问题。一般都会认为这些问题既要让学生读起来津津有味，又要让高中老师更好指导和提建议，还要让学生窥见大学入学后的授课内容或倾向，所以它们应该生动易懂，而不像 B 先生想得那么复杂。

从对方发言的潜在含义中揪出容易否定的要素，并对此大做文章展开批判，像这样的论法被称为诡辩，因为用起来实在方便所以人们很容易依赖于它。因为如果你从一开始就不小心偏向了诡辩，就算别人指出这一点你也很难做出改变，所以千万要当心。

# 05
# 如何避免“逻辑谬误”

## 01 依赖『权威』就不会出错吗？

### 起源谬误

论证在逻辑上是否正确和结论是否正确是两码事。只要搞错了前提，不管论证本身多么正确，结论也不会正确。反过来说，就算结论是正确的，论证也未必正确。唯一能够保证的是，只要论证和前提都正确，那么结论一定正确。

也就是说，我们必须要区分结论的引导方式和结论的正确性。因为前者是结论的形成方式（因果、起源）的问题，后者则是导出结论的论证的形式（构造、逻辑）问题。当二者被搞混时，我们称之为“起源谬误”。起源谬误的代表例应该是“诉诸权威”，如下图所示。

| | |
|---|---|
| 前提 1 | **亚里士多德说女人的牙齿数比男人少。** |
| 前提 2 | **亚里士多德是古希腊最伟大的哲学家。** |
| 结论 | **因此，女人的牙齿数比男人少** |

诉诸权威式论证（起源谬误）

它的确具有论证的形式，旨在说明："因为亚里士多德这么说，所以这是对的。"这就是"诉诸权威"式论证。其他还有"因为这是老师说的""因为电视上这么说""因为报纸上这么写""因为字典里是这样"等，虽然可信度各不相同，但其根源都是对各种"权威"的利用，我想我们在日常生活中也经常做类似的事。

诉诸权威的论证，经常能得出正确的结论，还是有一定作用的。但我们必须要记住，这并非正确的逻辑性论证。

问题来了，要把我们刚刚看到的"诉诸权威式论证"改写为正确的论证，应该对前提 2 做哪些修改呢？

前提 1：亚里士多德说女人的牙齿数比男人少。

前提 2：亚里士多德的观点都是对的。

结论：因此，女人的牙齿数比男人少。

虽然结论错误，但作为论证它无可挑剔。因为只要前提 1 和前提 2 都为真，结论一定为真。那么结论究竟为什么错呢？

当然是由于前提 2 为假，才会由一个正确的论证推导出错误的结论。实际上，亚里士多德有不少错误的观点。

“诉诸权威式论证”本身作为论证并不正确，但因为它以权威发言为基础，所以多多少少还是有些根据的。此时，如果我们明确地加上一个前提——“权威是可信的”，结论对不对暂且不说，但起码对于这个论证我们无可挑剔。

## 红鲱鱼谬误

所谓“诉诸权威式论证”是一种尽管支撑结论的根据在逻辑上并非正确，但给人一种正当错觉的诡辩。有一种论证法与它相反，是对某种命题进行否定的诡辩，被称为“诽谤（人身攻击）式论证”（如下图）。

| | |
|---|---|
| 前提 1 | 亚里士多德说女人的牙齿数比男人少。 |
| 前提 2 | 亚里士多德是让欧洲科学发展迟缓的元凶。 |
| 结论 | 因此，女人的牙齿数比男人少这一观点是错误的。 |

诽谤（人身攻击）式论证（红鲱鱼谬误）

这种论证得出结论的依据是："发言者不值得信任，因此其观点也是错误的。"暂且不提结论是否正确，此论证在逻辑上显然是错误的。

要想让它变成正确的论证，需要使用和上节中相同的办法。

前提 1：亚里士多德说女人的牙齿数比男人少。

前提 2：亚里士多德的观点都是错误的。

结论：因此，女人的牙齿数比男人少这一观点是错误的。

这就是一个正确的论证。只要前提 1 和前提 2 正确，结论也一定正确。

不过，前提 2 并不正确。因为亚里士多德的观点既有正确的也有错误的。所以我们不能根据前提 2 来断定亚里士多德的一个特定观点是否正确。虽然在这个论证中结论凑巧正确，但这并不是因为论证正确，而是由正确的论证和错误的前提偶然地得到一个正确的结论罢了。

拿出和议论中心毫不相干的事例（历史上的某人说了某句话）作为依据的诡辩被称为"红鲱鱼"。只要往猎犬的追踪路线放上熏制鲱鱼，它们的嗅觉就会失灵进而丢失猎物，基于这一点人们才将这个诡辩命名为红鲱鱼。也是一种转移争论对象的注意力并将论点进行调换的"稻草人论证"（在推理小说中，刻意把无关人物描写得十分可疑以扰乱读者推理的策略被称为"误导"）。

假设当我们对"男女的牙齿数是相等还是不等"进行议论时，引用亚里士多德作为论据进行"诽谤式论证"或"诉诸权威式论证”。此时容易发生的事是，论点，从“男女的牙齿数”转移到了“亚里士多德是否可信”上面。日常议论中出现的大多数“偷换论点”，都起因于这类“红鲱鱼”吧。

所谓偷换论点，就是议论中处于不利的一方，迫不得已拿出一个看似可疑的根据，然后诱导对方加入这个可疑的话题中从而搪塞掉原来的不利论题。而且很多时候，人们都会在无意识中使用这种策略。

## 循环论证与乞题

“循环论证”是最常见的错误论证。各位有没有见过下图中这样由同一人物进行的两个为一组的议论呢？

在下图“论证 A”中，为了证明“《大家族》是超一流的绘画作品”，举“美术馆 U 以某个价位收购《大家族》”为必不可少的根据。在“论证 B”中，为了证明“美术馆 U 收购《大家族》”的正当性，举“《大家族》是超一流的绘画作品”为必不可少的根据。

也就是说，在“论证 A”中，根据“某部画作被高额购入”这一事实证明了“该画作是超一流的”这一评价是正当的。而在“论证 B”中则根据“某画作是超一流的”这一评价证明了“以高额购买该画作”的判断是正确的。要想让一方的论证成立必须要承认另一方的论证的结论。它们都要靠对方支撑才能站得住脚，就好像两个人你垫我、我垫你，最后就能登上月球似的（当然这是不可能的）。

| | | |
|---|---|---|
| 论证A | 前提 1 | 能卖 5 亿日元以上的画作是超一流的 |
| | 前提 2 | 美术馆 U 以 6.2 亿日元的价格收购马格里特的画作《大家族》 |
| | 结论 | 《大家族》是超一流的画作 |
| 论证B | 前提 1 | 美术馆 U 为了吸引来客眼球，需要收购超一流画作，无论价格多少 |
| | 前提 2 | 马格里特的《大家族》是现在正在出售的唯一一部超一流画作 |
| | 结论 | 美术馆 U 不管花多少钱，都必须收购《大家族》 |

诽谤（人身攻击）式论证（红鲱鱼谬误）

因为“以 5 亿日元以上的价格收购《大家族》”这件事尚未发生，所以“论证 B”的前提 2“《大家族》是超一流的画作”不能以它作为自己的根据。而应该通过别的根据使《大家族》是“超一流的”这一判断成立，才能推导出“必须收购”这一结论。

但是，不管怎么调查，论证 B 的结论，即 U 美术馆以高价收购《大家族》这一事实才是能承认《大家族》是超一流画作的事后根据，而其他根据可能根本不存在。也就是说，论证 B 能倚靠的只有论证 A 了。

此时，“论证 B”中前提 2 的正确性是由其自身的结论支撑的，就等同于在毫无根据地说：“因为正确，所以正确。”作为论证它的形式是正确的，但起不到任何作用。如果论证 A 和 B 都是同时由一个人发起的，那么这就是把应该证明的结论作为依据再证明结论本身的作弊行为——“乞题”。

因为我们终究只能在人类社会的有限知识范围内展开论证，所以论证的前提（根据）和结论最终一定会形成一个相互支持的闭合循环网络。但这个循环必须扩大到社会整体。如果像论证 A 和论证 B 那样封闭在一个露骨而狭隘的循环内就危险了。

# 04 虽然它很像是正确的推理

## 否定前件、肯定后件

首先来看两个正确推理的代表例（下图上半部）。

不管 P 和 Q 为怎样的命题，这些推理都是成立的。被“如果，就”连接的两个命题中，前面的命题叫作前件，后面的命题叫作后件，因为第一个论证是通过肯定前件得出后件，所以被称作“肯定前件”，而第二个论证通过否定后件得出前件，所以被称作“否定后件”。

那么，和它们相似的论证又如何呢（下图下半部）？

看起来这些论证并不正确。“如果 a 是 6 的倍数，那么 a 为偶数。a 为偶数，因此，a 为 6 的倍数”“如果 a 是 6 的倍数，那么a为偶数。a不是6的倍数，因此，a不是偶数”——因为有很多偶数都不是6的倍数，所以很显然这两个推理都是错误的。它们分别被称为“肯定后件谬误”和“否定前件谬误”。

| | | | |
|---|---|---|---|
| ○ | 如果P，那么Q | P | 因此，Q（肯定前件） |
| | 如果P，那么Q | 非Q | 因此，非P（否定后件） |
| × | 如果P，那么Q | Q | 因此，P（肯定后件谬误） |
| | 如果P，那么Q | 非P | 因此，非Q（否定前件谬误） |

看起来正确实则不正确的论证

但是，我们在日常生活中则频繁进行着下列推理——

“田中如果乘巴士就能按时出席会议。田中按时出席了会议，因此他应该是乘巴士过来的。”

“齐藤只要提交报告就能获得学分。齐藤没有提交报告，因此齐藤应该无法获得学分吧。”

要注意，这两种推理在形式上分别是“肯定后件谬误”和“否定前件谬误”。和刚才6的倍数和偶数的问题不一样，这两个推理是不是看起来仿佛十分正确呢？明明是逻辑谬误，为什么看起来像是对的一样呢？

“只要乘巴士就能按时出席会议”这一表述方式的字面意思是，只要“乘巴士”这一行为实现了，就一定能“按时出席会议”。也就是说，“乘巴士”可以保证“按时出席会议”，但并不意味着想按时出席会议除了乘坐巴士之外不存在其他手段，说不定坐出租车也不会迟到。所以，就算田中按时出席了会议，他乘坐的交通工具也可能不是巴士。

但在日常会话中，“如果，就”并没有被使用得那么严密。实际上，可能哪怕田中乘上了巴士也可能因为交通事故或是腹痛等意外情况而没能按时出席会议。这句话一般只是表达“乘巴士”和“按时出席会议”这两件事之间存在密切联系。所以，虽然它在逻辑上并不正确，但在概率上是能起到帮助的。甚至我们可以说，日常推理的大部分都属于“肯定后件”或“否定前件”。

# 05 假设只能非黑即白吗？

## 伪二分法

代表性诡辩“伪二分法”正如它的名称一样，是一种把所有事物都分为两个极端的非黑即白的论法。严密地说，伪二分法包含两种不同的策略。

第一种论证，是把一个无法恰好分为两份的复杂整体强行一分为二，使内容变得过分简单以推导出对自己有利的结论(如下图)。如果 A 那么 B，且如果非 A 那么 B。所以不管怎么做都是 B。这是被称为“二难推理”的正确论证。

但是，要想结论为真还需要满足两个条件。首先，所有情况只包括“A”和“非 A”两种，不存在中间状态。以下图为例，必须只存在两种人，一种是“理解民主主义”的人，另一种是“不理解民主主义”的人。如果存在“不确定是否理解民主主义”的人（实际上大多数人应该都属于这一类），就有可能使得“说明是有意义的”。

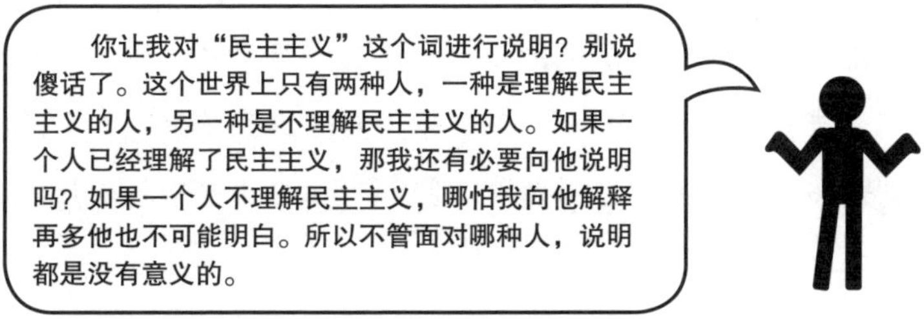


这个论证正确吗？

其次，“如果 A 那么 B”和“如果非 A 那么 B”要同时成立。“对理解‘民主主义’的人而言说明是不必要的”和“对不理解的人解释再多也没用”这两个命题从常识上讲，很难判断它们是正确的。因为不管是对已经理解的人还是对尚未理解的人来说，说明都能起到相应的确认或启发的作用。

只有当伪二分法的分割方式正确时，即构成二难推理的两个前提为真，且当你只能在 A 和非 A 里选一个时，上述论证的结论“说明是没有意义的”才为真。

而作为诡辩的伪二分法，除了上面提到的逻辑谬误，还利用了一种行为骗术。在上述例子中，最开始的话题是“民主主义”，但当我们提出“说明是无意义的”这一“二分法 + 二难推理”的诡辩之后，议论的中心往往就会偏向于“说明是否无意义”或“不理解民主主义的人真的理解不了他人的说明吗”这类话题。也就是说，伪二分法起到了歪曲论点的作用。

“如果 A 那么……”“如果非 A 那么……”——像这样，伪二分法把自己包装得仿佛很符合逻辑，对于拥有平均智力水平的人来说，伪二分法的形式具有适当的复杂性，容易诱发他们的“逻辑性批判”——“这个分类方法真的正确吗？”从而起到转移注意力的“红鲱鱼”（第 5 章第 2 小节）的作用。

## 歧义谬误

大部分单词都具有多种含义。语言在本质上具有多义性。有时候，随着话题的深入某个单词在不知不觉中从一个意思变为了另一个意思，导致我们将错误的论证错觉为正确的。让我们来看看显而易见的例子（下图上半部）和连科学家都会弄错的例子（下图下半部）。

图中上半部分的“天才”一词既表示以智力测验结果为基础的能力，又表示艺术能力，所以这个论证并不妥当。这就是显而易见的例子。

下半部分的论证本身并没有问题。前提和结论也都为真。

因为前提 2 为真，所以前提 1 所说的“各种性质”的“正确数值”必须是能使前提 2 成立的数值。因此结论 1 理所当然为真。但还有宇宙物理学家由这个结论进行了进一步的推理。

结论 2：智慧生命必须诞生于这个宇宙中。（宇宙是为了孕育出智慧生命而存在的。）

| | |
|---|---|
| 前提 1 | 天才指 IQ180 以上的人。 |
| 前提 2 | 毕加索是天才。 |
| 结论 | 毕加索的 IQ 是 180 以上。 |
| 前提 1 | 这个宇宙中存在各种正确数值不明的性质。 |
| 前提 2 | 我们人类这一智慧生命诞生在这个宇宙中。 |
| 结论 | 这个宇宙的所有性质的数值都必须是会使智慧生命诞生的数值。 |

显而易见的例子（上）与科学家都会弄错的例子（下）

各位是否发现结论 2 中存在逻辑的飞跃？原来的结论 1 指的是，既然存在“智慧生命诞生了”这一事实，物理学就必须后验地承认这个事实。反过来说，如果得到了使智慧生命的诞生成为不可能的观测或计算结果，就必须要将这个数据事先排除掉，并锁定范围进行研究，以此高效地探究宇宙的各种未知数，因此，结论 1 就是高效探究宇宙未知数所需的方针。结论 1 中出现的“必须”其实是指“必须采取”的研究方法。

然而在结论 2 中，这个“必须”就不意味着后验的追认，而表示预言性的、命运的含义。旨在说明宇宙存在孕育出智慧生命的必然性或目的。结论 1 只是出于对“智慧生命诞生了”这一事实的尊重而阐述自己“必须”的方法论，而残留了一种可能性，那就是这个智慧生命的诞生可能出于偶然。但在结论2里，智慧生命在不知不觉中成了“必须”是必然诞生的存在。

结论2意味着就算宇宙历史从头再来一遍，智慧生命也一定会诞生（而且现在这个宇宙中也要有许多人类以外的智慧生命），但是从原有的前提1和前提2是无法得出这样的结论的。所以，有科学家搞混了结论1和结论2中两个“必须”的含义，并支持结论2这件事的确令人惊讶，但这类非逻辑性的科学家其实也不少。

再来看一个有关生物进化论的事例。“眼睛是为了看而存在的器官”“翅膀为了飞翔而进化”——这在正统生物学中应该是很普通的说法。什么是“为了看”呢？按照字面意思解释，就是“带有‘看’这一目的”。然后就出现了主张生物进化是“设计者（神）存在”的证据的号称“智能设计”伪科学一派。

生物学中的“为了”其实是一种比喻，不过是将“拥有眼睛的个体在繁殖上占据有利地位，这个有利之处在于它拥有看的能力”这些内容压缩后得到的便利表达。从逻辑上说，它指的是“随机变异后偶然占据有利地位的个体的数量增加了”这一无目的性的结果论。把表面语法当作盾牌，曲解学说，并把宗教的意识形态加入科学中的人层出不穷，因此我们必须保持警惕。

# 07 所谓『值得注意的一致』其实并不存在？

## 随机条件

在一百万张彩票中，你买到了号码为“314387”的彩票。“为什么刚好买到了314387？这可是一百万分之一的概率啊”——为此感到惊讶是不正确的。不过是一张票刚好买到314387这串数字罢了，“这张彩票的号码是314387”和“你买了这张彩票”这两件事并不相互独立。数字314387是根据你买的彩票而被选出来的。“你的彩票＝314387”并非偶然一致。

假设这个314387是一等奖。“为什么刚好中奖了呢？这可是一百万分之一的概率啊！”——这次感到惊讶就是正常的态度。因为这次“这个彩票中奖”和“你买了这张彩票”这两件事是相互独立的。你偶然地买了一张彩票，这一张彩票偶然地中奖了。因为这两个事件没有互相参照一下对方就在314387 这个号码上出现了一致，所以至少从你的角度来看这是一件不可思议的事件。

当事件 P 和事件 Q 互不相关地（独立地）发生时，才会出现问题（谜团）。使问题成立所必需的独立性条件被称为“随机条件”，这个条件意味着对 P 来说 Q 是（对 Q 来说 P 也是）随机发生的。

## 注意信息是否相互独立

“我是 a”（请把自己的名字代入 a）这句话又如何呢？“我是这个人”和“这个人是 a”中出现的两个“这个人”是同一人物，这件事中存在“偶然一致”吗（彩票例中特定的号码 314387 相当于这里的中介项“这个人”）？也就是说，“我存在（= 我买了彩票）”和“a 存在（= 彩票中奖了）”是不是两个互相独立的事件呢？

首先，假设这两件事并非相互独立的。在这种情况下，我一出生就是 a，也就是说由于我的诞生，“我是 a”这件事才会发生。a 这个名字出现在这个问题中也是因为你偶然作为 a 出生在这个世界上。因为对“存在我这一主体”而言，“我是 a”并不满足随机条件，所以根本没什么稀奇的。

接下来假设“我存在”和“a 存在”是相互独立的。这样一来，a 这一人物被选出时就必须和你的诞生毫无关联。但是这个无关联的基准是什么呢？除了 a 是你本身以外，你为什么会关心 a 呢？

假如 a 是世界上唯一一个能在 5 秒内跑完 100 米的人。所有人都会因其特殊性而注目于这个特殊之人。“a 存在”意味着，不管 a 是不是你自己，他都成了你的关注点。如果这个 a 恰好是你，那从你的角度来看这应该是非常不可思议的事情。

只有当你既是 a，在客观上又是一个特殊人类的时候，“我为什么是 a”才能满足随机条件成为一个正确的问题。

如果不理解随机条件，就很容易上当受骗。假设一个魔术师指示你从两张纸牌中抽出一张。你抽出一张纸牌后，“你所选的纸牌”正是魔术师预言的那一张。但要惊讶还是等确认了随机条件之后再惊讶为好。在你抽出的牌和剩下的牌中，魔术师有在你抽之前就告诉你哪张才是“你抽的牌”吗？如果不让他事先确定一个与被抽取的牌相独立的认定基准，事后想怎么补救都可以。

因为这样的“魔术师的选择”还会被用于诈骗之中所以需要多加注意。

**小知识**

魔术师的选择——“强迫选牌法”的一种，让客人以为选牌是自由的，实际上让他抽的是魔术师事前决定好的牌。本文只说明了简单的二选一模式，还有魔术师会流畅地重复 N 次二选一让观众以为魔术师能在 1/2n 的概率下完成魔术。这个魔术手法也证明了人类“自由”的主观意识是多么的不可靠。

# 08 在信任之前，先自省

## 相信直觉的谬误

逻辑总把直觉踩在脚下。因为人类是喜欢自己直觉的动物，所以当逻辑结论和直觉相悖时，人们往往会试图找出逻辑的错误。但在大多数情况下，谦虚地对能效差的直觉进行反省之后，带来的好处要更大。

逻辑中反直觉的代表应该是概率。请试着思考下图中的问题。

Q 在三扇门中，只有一扇门的背后藏有高额奖金。你要从中选择一扇门打开。如果中了，那么奖金就归你。知道正确答案的主持人会在你没有选择的两扇门之间打开错误的那扇门给你看。还有两扇门没有被打开过，这时你被告知可以更改自己的选择，那么，把原来选择的那扇门换为另一扇门究竟是赚，还是亏呢？或者说这两种选择都是一样的？

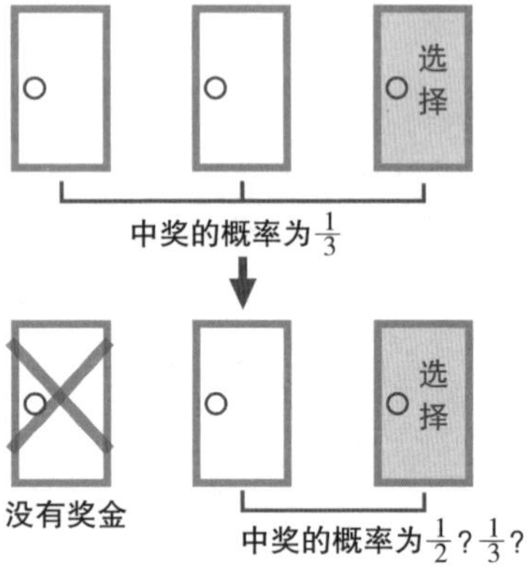


涂鸦游戏示意图

这个问题出自美国的电视节目，后来便取该节目主持人的名字蒙提·霍尔将此问题命名为“蒙提霍尔问题”。这个问题曾引起一阵热烈的讨论。曾经还有某位经济学著作的日译版主编，在记录了这个问题正确答案的原著部分特地用译注“订正”道“答案是错的”，闹出了不少笑话。

正确答案是“改变选择更好”。因为改变选择之后中奖的概率就变成了三分之二，而不改变的话概率就只有三分之一。但似乎大多数人都觉得“不管改变不改变，中奖的概率都是二分之一”。各位的答案又是什么呢？

只要进行概率计算就能求得正确答案，但请那些算过的人和没算过的人，都试着用直觉再仔细地思考一次。因为这个问题很简单，靠直觉猜出正确答案也不是难事。但似乎有不少人，哪怕你将计算过程一一摆在他的面前，他都要顽固地坚持自己的直觉。

如果计算这一“逻辑”还是不能让你接受，那就试着进行实验。跟你的搭档，一次又一次地反复实验反复记录。经过实验之后，大多数人都能够理解为什么改变选择之后中奖的概率会更高。

## “有两种可能”＝“概率为二分之一”？

蒙提霍尔问题的陷阱在于人们很容易将“可能数”等同于“概率”。人们很容易产生天真的想法：因为有两种可能（因为只剩两扇门），所以概率为二分之一。如果有人说“因为只有月球上有兔子和月球上没兔子这两种可能，所以月亮上有兔子的概率是二分之一”，大家都会感到奇怪。但当两扇看似同样的门摆在你面前时，你还是会产生天真的想法：“这概率一定是二分之一。”

只有当主持人不知道正确答案，随意打开一扇门后没有中奖时，剩下两扇门中奖的概率才是二分之一。此时，“没中奖”这一数据成了使两扇门不中奖概率变高的证据。之前选择的那扇门中奖的概率也上升为二分之一。但当主持人特意打开不会中奖的门时，已经选择的那扇门中奖的概率依旧是三分之一，哪怕获得的数据都是“非正解的门被打开了”，如果受益方式不同，对概率的判断也应该不同。

当我们面对逻辑时，不应坚持自己的直觉，而要谦虚地顺应逻辑对直觉进行修正，这份谦虚之心是最重要的。谦虚心？没错，因为逻辑和伦理有着密切的关联。“只要改变选择中奖的概率就是原来的两边”——当获得与正确答案一致的直觉时，你的理性和品德都将切实地登上更高的境界。

## 确认偏误

在政治领域或法庭上我们经常能听到“那是‘别有用心的辩论’”或“别有用心的行为”这类责难的话语。“别有用心”指的是言论或行动有着不可告人的目的，当我们对“比起对真相的探究，更在乎在辩论中胜出的态度”进行批判时，经常会使用“别有用心”这个词。

当然了，如果辩论不是为了赢，那反倒是一种伪善。只有当双方都拼命地想要获胜时，作为其副产物，对真相的探究才最为高效。但是，明知自己的方法不够完善却还坚持“别有用心的辩论”这样的态度所带来的危害绝对不能忽视。

假设你在医院接受可怕的绝症 Y 的检查后，结果为阳性。这个检查结果正确的可能性为 99%。反过来说，非 Y 的阳性，或是病人为 Y 却检查出阴性的概率，只有 1%。那么检查出阳性之后，你实际患有这个绝症 Y 的概率是多少呢?

是感到绝望，认为正确率为 99% 的检查检查出了阳性，那自己得绝症的概率就是 99% 吗?从逻辑上说，“完全不知道”才是正确答案。要想知道正确的概率，必须知道这个疾病 Y 的基础患病率是多少，即总人口中患有疾病 Y 的人占了多少比例。

假设 Y 的患病率为每 1 万人中有一例。一方面，因为其中检测出阳性的人占 99%，所以 100 万人里会有 99 人检测出阳性；另一方面，非 Y 的人每 1 万人里有 9999 人，因为其中被检测为阳性的概率为 1%，所以 100 万人中有 9999 人。

因此，所有检测出阳性的人的明细为，100 万人里，Y 有 99 人，非 Y 有 9999 人。你就属于这两组的其中一组吗?当然，非 Y 的概率是 Y 概率的百倍以上。你如果只是一次被检测出阳性，别说 99% 了，甚至可以推测你大概没有患上 Y 这一疾病。（虽然比起被检测出阳性之前的“万分之一”，现在的概率要高不少。）

## 注意专家的“确认偏误”

懒得考虑患病率，只凭检查的可信度就下达诊断的这类谬误被称为“无视先验概率的谬误”，听说在医科大学里，为了不犯这样的错误，学生们都被彻底灌输了这一理论。为了减少不必要的手术和用药，这是理所当然的医学教育。

但可怕的是，根据美国和德国的调查，有六成到九成的医生在此问题上栽了跟头。我也想相信日本的医生更加优秀，当医生受到“想尝试新药”和“想取得实绩”这类野心的影响时，很容易被“在正确率为 99 % 的检查中被检查出阳性”这一证据误导，而可能会遵照自己想要相信的假说（自己的患者患有 Y 这一疾病的假说）。结果就很容易忘记患病率调查这一必要的步骤，陷入“别有用心的推理”之中。

当自己想要相信这个假说时，就会注目于对此假说有利的证据，而忽视不利的材料，像这样的倾向被称为“确认偏误”。事实上，就连专家都很难逃离确认偏误的魔爪。尤其是做医生的，一定要遵守知情同意的规则，注意要从医疗方潜意识的“别有用心的推理”中保护患者不受伤害，否则后果将难以设想，

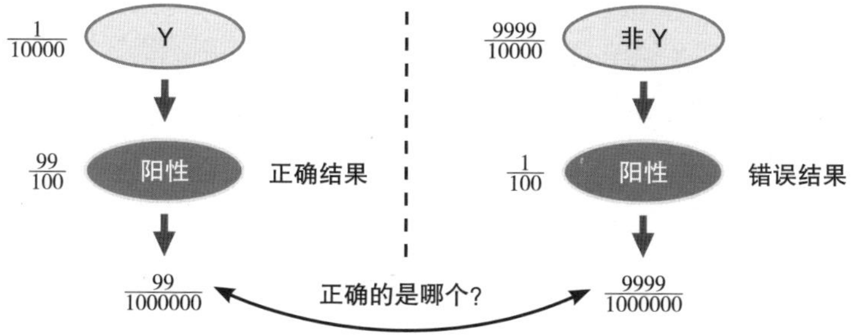


“阳性”的你患上绝症 Y 的概率是？

顺带一提，如果接受绝症 Y 的检查不是出于普通的体检，而是由于已经察觉到类似症状而怀疑是否患有绝症 Y 才接受的检查，那又要另当别论了。在察觉到类似症状的情况下你患有 Y 的概率就已经不是万分之一而是二分之一了。如果这个时候检测出阳性，那么按照检查的可信度，可以说你患有绝症 Y 的概率是 99%。但在上文提到的对医生的调查中，尽管已经明确说明了这是普通的体检，大部分医生还是答错了，这就太可怕了。

# 10 善恶争论需要伦理

## 名为伦理的逻辑

报纸和杂志上的大多数争议都是围绕善恶或价值展开的。要展开价值争论，只学逻辑学的话你的知识还不够充分，还必须要学习伦理学（道德哲学）。

有别于逻辑学，伦理学中没有标准的统一见解，在“何为善”这一问题上各种学说势均力敌。所以，我们必须时刻意识到，自己正在进行的议论中其实省略了“根据某某学说……”这类特定条件句。

比如说，一个人对人类以外的动物的权利进行拥护，“根据功利主义”他就是正确的，但要是“根据社会契约论”或“根据义务伦理学”他就不可能正确。“比起非洲饥饿交加的儿童的生命还是自家孩子的午间点心更为重要”这一态度“依照德行伦理学”完全是常识，但“按照功利主义”的说法则难以辩护。本书论述了许多附加条件的主张和推理之间的关系，但伦理判断也总具有“如果A那么B”的逻辑形式，是优秀的逻辑学判断。

和许多人一样，我对各种问题也有自己的意见。我认为不管战争种类如何，它都一定是不好的；我认为乘电动扶梯时主动空出一边习惯是错误的；我认为比起重视遗属感情和抑制效果，为了表示社会对惩治恶劣犯罪的决心死刑更是应该继续存在的。我认为吸烟应该受到像毒品一样的管制，违背医疗理念的器官移植原则上应该受到禁止，而切换到脑死移植的系统却迟迟没有进展让我感到无比焦虑；我认为转基因植物受到忌讳是理所应当的，这一观点也是可悲的玄学式思考，把自由选择权交给个人，结果导致现在男女的职业和收入都存在偏差，但这和性别歧视毫无关系，因此也不该将其视为议题；因为生态系统总是在反复变化，所以我认为没必要对各个濒危物种一一保护，也没必要拼命去驱逐某些特定外来生物，行政部门打着保护日本猕猴的旗号杀害普通猕猴和其他地区猕猴让我无比愤慨，人类再怎么傲慢也要有个限度。

### 无法确定“伦理上是否正确”

我的这些伦理观点，既有基于偏见的，也有以理由为基础的。每个基于理由的观点都有其独自的理由和理论（伦理学说）。不管怎么说，特定事项“在伦理上是否正确”并非可以立即得到证明的事实问题。

个人的伦理观点经常由当事人的经验和喜好来决定。喜欢狗的人应该会支持动物的权利，有钱的男人可能会认为一夫多妻制是正确的。可以将个人喜好作为伦理判断的根据吗？如果可以的话怎样的喜好作为根据是值得认可的呢？像这样，与逻辑有关的议论容易受主观意识的左右，必须尽可能地把它整理成逻辑的形式。

争议最多的，不是对自身的喜好，而是对他人的行为或信条的喜好。比如，因为自己不理解特殊性嗜好，就会对有特殊性嗜好的人感到不快，然后将这份不快作为伦理评判的根据。对于和自身没有直接利害关系的兴趣和信条而抱有的像“希望他这样，不希望他那样”的喜好被称为“外在偏好”。作为伦理的评判依据，外在偏好是否值得尊重呢？在这一点上也存在争议。

还有些喜好看起来像是外在偏好实际上并非如此。对于那些要求管制香烟的人，与其说他们在对他人的嗜好指手画脚，更大原因在于他们自身在物理上受到了香烟（如二手烟）的侵害。至于那些无法实际证明“受到侵扰”的情况，就更为微妙了。主张所有人都应该学会逻辑思维能力的人，会直接干涉他人的生活态度吗？还是单纯地抱怨说“不做批判便轻易相信顺势疗法的人增加了，社会效率就会变低，不管我本人再怎么努力也不会有回报，这使我感到困扰”。这部分属于灰色地带，对于那些并非轻信而是出于兴趣，将实际效果置之度外，把补品当饭吃的人，如果你说他们“恶心”，那这就属于外在偏好。

**小知识**

外在偏好——对他人的兴趣和生活方式抱有喜恶感，甚至认为它们和自身利害息息相关的“外在偏好”和序章中介绍的“家长式领导”之间有着紧密联系。外在偏好还可用于回答当被歧视者满足于现状时，由第三方发起的反歧视运动是否正确这一问题。

经过反复讨论，就“没有证据可以证明它不好”这一观点达成一致之后，就必须要下结论说“它并非不好”了。“宽容原则”（第 4 章第 13 小节）也适用于伦理。和“尽可能将不明显为假的观点当作是真的”一样，“尽量容许非恶（不明确是否为恶的事物）的事物”是逻辑且伦理的态度。如果总对一个非恶事物感到厌恶，或坚信这个厌恶是合理的，就会导致许许多多的不道德产生。

而当我们查明不道德或不幸的原因之后就会发现，它们大多数起源于人们对逻辑的轻视。

# 终章
# 演习问题

# 练习题

## 加深对逻辑的理解

只要使用了逻辑学的技巧，马上就能一帆风顺，比靠直觉解决问题能更快更确实地取得正解——这类状况可能意外地少。我们在生物进化的过程中已经具备了最低限度的解决日常生活中自然形成的课题的能力，所以基本上不会产生太根本的误会。

但是，如果面对的是人为设定的课题那就要另当别论了。不使用逻辑工具就获得正确结论的问题也不少。和所有人都共同具有的本能性直觉不同，为了测量对人为环境的适应力，在各种资格考试、适应性考试中，考官们设置了许多需要进行逻辑推理的问题。

终章中展示的这 6 个问题，第一问中引用了公务员考试的真题，不仅介绍了利用真值表的机械性列举法，我还试着给第一问换了个包装（主题）做出第二问。

日常生活中大大小小的事情离不开选择，而为了进行合理选择我们必须具备的是准确的概率判断能力——这是我设立第三问的目的，同时也试着分析了连网络论争中最前线的数学家都曾搞错的难点。第四问也和数学相关，目的在于让大家确认构造性二难推理只通过假设推出事实的论证方法。第五问、第六问通过与“说谎者悖论”相关的问题，介绍了一些根据特地目的做出不同“说谎者悖论”的方法。

## 01 第一问 真值表活用问题

### 问题 Q

对 A ~ D 四家店的营业状况进行调查后，已知下列 a ~ d

a A 店营业时，D 店已经关门了。

b B 店营业时，C 店已经关门了。

c C 店关门时，D 店也关门了。

d 不存在只有 B 店营业的情况。

此时下列 1 ~ 5 中可以肯定的选项是哪一个？

1 A 店营业时，C 店也在营业。

2 A 点营业时，B 店已经关门了。

3 三家店不可能同时营业。

4　C 店营业时，D 店已经关门了。

5　A 店和 C 店不可能同时营业。

假设当我们对“男女的牙齿数是相等还是不等”进行议论时，引用亚里士多德作为论据进行“诽谤式论证”或“诉诸权威式论证”。此时容易发生的事是，论点“男女的牙齿数”转移到了“亚里士多德是否可信”上面。日常议论中出现的大多数“偷换论点”，都起因于这类“红鲱鱼”。

所谓偷换论点，就是议论中处于不利的一方，迫不得已拿出一个看似可疑的根据，然后诱导对方加入这个可疑的话题中从而搪塞掉原来的不利论题。而且很多时候，人们都会在无意识中使用这种策略。

## 解答 A

将营业写作○，关门写作 ×，通过穷举法把所有可能的情况都列举出来。

因为每个店都有两种可能，所以组合之后就是 2 的 4 次方 =16 种。

要想在列举时避免重复且不出遗漏，以下做法最为实际。

对于 A，在上半部分 8 行都写入○，下半部分 8 行都写入 ×。对于 B，将○和 × 从上开始每四行交换着写。对于 C，将○和 × 从上开始每两行交换着写，对于 D，则将○和 × 每一行交换着写（如图）。

※ 一般来说，无论组合数是 2 的几次方，都在最左一列的上半部分写入○，下半部分写入 ×。右边的相邻列则从上到下每隔总行数的 1/4 相互写入○和 ×……1/8……不断重复直到最右边一列的○和 × 每隔一行就要互换为止。

根据条件 a，删除所有 A 为○且 D 为○的组合。

根据条件 b，删除所有 B 为○且 C 为○的组合。

根据条件 c，删除所有 C 为 × 且 D 为○的组合。

根据条件 d，删除所有 A 为 × 且 B 为○且 C 为 × 且 D 为 × 的组合。

A B C D

○ ○ ○ ○ 根据条件 a（b）排除

○ ○ ○ × 根据条件 b 排除

○ ○ × ○ 根据条件 a（c）排除

○ ○ × ×

○ × ○ ○ 根据条件 a 排除

○ × ○ ×

○ × × ○ 根据条件 a（c）排除

○ × × ×

× ○ ○ ○ 根据条件 b 排除

× ○ ○ × 根据条件 b 排除

× ○ × ○ 根据条件 c 排除

× ○ × × 根据条件 d 排除

× × ○ ○

× × ○ ×

× × × ○ 根据条件 c 排除

× × × ×

“○ ○ × ×”与 1、2 不符

“× × ○ ○”与 4 不符

“○ × ○ ×”与 5 不符

根据排除法可知正确答案为 3。

## 02 第二问
## 改写——同类型问题

### 问题 Q

如果将第一问使用的表中的○看作“真”，× 看作“假”，那么它其实等同于真值表（第 3 章第 3 节）。为了确认上述由穷举法做出的表到底是不是真值表，此时将第一问中的 a、b、c、d 进行修改，就可以做出一个新的问题（发言版本）。

※ 注意“……时……”等于“如果……就……”

a　A 说：“B 在说谎。”（如果 A 的发言为真，那么 D 的发言为假）

b　B说：“C在说谎。”（如果B的发言为真，那么C的发言为假）

c　C说：“D没有说谎。”（如果C的发言为假，那么D的发言为假）

d　B说：“A、C、D中有人说真话。”（不可能只有B的发言为真）

然后再将第一问中的1、2、3、4、5也按照同一方式进行改写。

## 解答A

1　A说：“C的发言属实。”（如果A的发言为真，那么C的发言也为真）

2　A说：“B在说谎。”（如果A的发言为真，那么B的发言为假）

3　至少有两个人在说谎。（不可能有三个人的发言为真）

4　C说：“D在说谎。”（如果C的发言为真，那么D的发言为假）

5　A说：“C在说谎。”（A的发言和C的发言不可能同时为真）

将A、B、C、D的真假用○ × 表示，像第一问那样写出真值表之后就会知道3是正解。

为了让这个“发言版本”对应现实状况，还需要两个条件。

第一，A、B、C、D 的发言虽然不可能只有一句话，应该分别由几个句子组成，但每个人都只说真话或只说假话，不存在发言里既有真话也有假话。

第二，要理解 1 ~ 5 中引号内的表述，并非对发言本身的记述，更多是指“其发言包含这一主旨”。如果不这样解释的话，除了 3 以外的答案就会因为“他们的发言可能和引号内不一样”这一无聊的理由而变成错误的答案。只要在括号里做出选项，就能知道引号内的内容并非发言本身而是发言主旨，所以没必要特意标注出来。

第一问“营业版本”的 16 种情况是根据时间制定的各个店铺营业状态组合。与此相对，“发言版本”的 16 种情况则表示各种互相排斥的不同可能性。

“发言版本”和“营业版本”只是主题不同而构造相同，是各自的“同类型问题”。如果用直观考虑问题，一方面，如果是熟悉的主题就能够轻松地解决；另一方面，一旦遇到陌生的主题就很难回答。但只要通过真值表列举法这样的“逻辑式”解法来解决问题，不管面对陌生还是熟悉的主题，都能展开稳定的推理。

## 03 第三问 随机条件问题

### 问题 Q

① A 先生有两个孩子。已知其中至少有一个是男孩。那么 A 先生的两个孩子都为男孩的概率是多少？

② A 先生有两个孩子。已知相对年长的孩子是男孩，那么 A 先生的两个孩子都为男孩的概率是多少？

③ A 先生有两个孩子。已知有一个男孩是周二出生的，那么 A 先生的两个孩子都为男孩的概率是多少？

## 解答 A

①这个问题的正确答案是 1/3。一般解释是，把孩子分为年长和年幼，（年长，年幼）=｛（男，男）、（男，女）、（女，男）、（女，女）｝，因为（女，女）不可能发生，所以剩下 3 种可能性之中（男，男）的概率为 1/3，这样的做法最为常见。但其实没必要特意去区分年龄，只需要把这两个人区别开就行。随意将他们编号为 1 和 2，通过穷举法也能得到 1/3 这一正确答案。

②正确答案毫无疑问是 1/2。因为两个孩子之间已知一方为男孩，那么另一方为男孩的概率必为 1/2。

③这个问题和问题①有什么区别？因为每个人都有自己的生日，所以哪怕加上“生日是周二”这一个信息也不会对答案产生影响。正确答案是 1/3……但下列想法是否成立呢？

首先，将当存在周二出生的男孩子时，两个孩子的性别和出生日期（星期 X）的所有组合列举出来。为了防止复杂化，假设孩子出生在每周的任意一天的概率都是一样的（实际上，出生在周五的孩子最多，周末较少。因为医生们有把周末排成休息的倾向）。

| | 周二 | | 周一 | 周二 | 周三 | 周四 | 周五 | 周六 | 周日 |
|---|---|---|---|---|---|---|---|---|---|
| 年长 | 男 | 年幼 | 男或女 | 男或女 | 男或女 | 男或女 | 男或女 | 男或女 | 男或女 |
| 年幼 | 男 | 年长 | 男或女 | 女 | 男或女 | 男或女 | 男或女 | 男或女 | 男或女 |

看起来正确实则不正确的论证

一共有 27 种可能（年长且出生于周二的孩子只有女孩是因为前面已经包含两个男孩都是周二出生的情况，为了避免重复）。其中两人都为男的可能性有 13 种，因此，所求的概率为 13/27。

题目问的是“两个人都是男孩的概率”，这跟他们出生在星期几应该没有关系。我们从一开始就知道每个人都会出生在一周特定的某一天里，所以男孩不过是恰好出生于周二，这个信息明明没什么价值，为什么 1/3 会变成 13/27（接近 1/2）呢？

正确答案究竟是 1/3，还是 13/27？

实际上由于问题③在设定时存在模糊所以才产生了这样的混乱。

（状况 α）A 先生有两个孩子，其中至少有一个是男孩。此时向 A 先生询问：“请问您的孩子里有出生在星期二的男孩吗？”得到的答复是“有”。那么 A 先生的两个孩子都是男孩的概率是多少？

（状况 β）A 先生有两个孩子，其中至少有一个是男孩。此时向 A 先生询问：“请问男孩出生在星期几啊？”得到的答复是“男孩出生在星期二”。那么A先生的两个孩子都是男孩的概率是多少？

能看出状况α和状况β的区别吗？听话人所给的信息都是“有出生在星期二的男孩”，看起来听话人获得的信息也是一样的。因此状况α和状况β在“两个孩子都是男孩的概率”这一点上应该不存在差别。

但事实并非如此。正如我们在第5章第8小节看到的“蒙提霍尔问题”一样，哪怕获得的数据是一样的，如果获得数据的方式不同，相应的概率也会不同。

在状况α中，如果得到的答复是“没有”，这个问题就有可能不成立。既然这个问题是生理的，那么两个孩子都是男孩的概率就会从1/3增加到13/27。因为相较于只有一个男孩的情况，在两个孩子都是男孩的情况下，存在出生于周二的男孩的概率更高，所以才会实际存在出生于周二的男孩。

而在状况β中，从提问方式来看，不管得到的答复如何这个问题都会成立。因为每个人的生日一定会在一周的某一天里，哪怕生日恰好在周二也不能成为判断依据，所以，不管是一个男孩还是两个男孩，都不会对A先生的答复产生影响。所以两个孩子都是男孩子的概率还是1/3。

在状况α中，提问人所问的日期和事实相互独立并凑巧一致。而在状况β中，因为A先生口中的日期是自由的，所以并不存在“独立性”和“一致性”。只有状况α满足了独立性这一“随机条件”（第5章第7小节），所以A先生的回答具有证据的价值，概率也发生了改变。

但是在状况 β 中，概率也有可能因为男孩的数量发生变化。因为如果只有一个男孩，就有可能会忘记具体生日在星期几，但如果两个都是男孩，那么他至少能记住其中的一个……

确实如此，但在考虑这类问题时一般会将“忘却的概率”这种不明了的条件排除在外。将问题理想化——这就是教导我们应当领会出题者的意图的“宽容原则”（第 4 章第 13 小节）。

此外，如果考虑到两个孩子可能是双胞胎，那么状况 α 中的正确答案应该要小于 13/27。因为如果两个孩子是双胞胎，他们同一天生日的概率就更高，最终导致“相较于只有一个男孩的情况，在两个孩子都是男孩的情况下，存在出生于周二的男孩的概率要更高”的程度降低。再极端一点，假设 A 先生的孩子是双胞胎的概率为 1（必然是双胞胎），再重新做一张类似上面的表。很明显，这时候两个孩子都为男孩的概率是 1/3。因此，如果出题者想让正确答案是 13/27，严密来讲应该要加上一条备注，注明“A 先生的两个孩子并非双胞胎”。

如果没有这个备注，我们就应该秉承“宽容原则”的态度——不考虑两个孩子是双胞胎的情况。不过这一次的宽容程度可比对“忘却概率”的宽容要大得多。

# 04 第四问 非构造性证明与构造性二难问题

## 问题 Q

是否存在实数 a、b，使得 a、b 不为有理数，但 a 的 b 次方为有理数？

提示：选择出实数中非有理数（无理数）的代表作为具体例子，分别将其设为 a 和 b，将情况分为两种——① a 的 b 次方为有理数；② a 的 b 次方不为有理数。

## 解答 A

这个问题是间接证明法（第 4 章第 12 节）的典型——要

证明“存在○○”时不直接举例○○而是通过其他方法进行证明。

在此问题中，启发法（第1章第3～5节）发挥了重要作用。

无理数的代表，又要是熟悉且好计算的，那就假设它是$\sqrt{2}$（大多数人都会选择$\sqrt{2}$吧，因为π之类的数不太好算）。$a=b=\sqrt{2}$。

如果$\sqrt{2}$的$\sqrt{2}$次方是有理数，那么我们就可以获得无理数a、b，使得a的b次方为有理数，大功告成。如果我们还说问题尚未解决，那说明$\sqrt{2}$的$\sqrt{2}$次方并非有理数。

在此我们将$\sqrt{2}$的$\sqrt{2}$次方假设为非有理数。因为它不是有理数，所以我们可以用a或b来表示。但现在我想认真计算，为了方便我们把b设为普通的$\sqrt{2}$。也就是说，将a设为$\sqrt{2}$的$\sqrt{2}$次方，将b设为$\sqrt{2}$。从头到尾我们就只用一个$\sqrt{2}$。此时a的b次方就等于（$\sqrt{2}$的$\sqrt{2}$次方）的$\sqrt{2}$次方，等于$\sqrt{2}$的（$\sqrt{2}\times\sqrt{2}$）次方（※），等于$\sqrt{2}$的平方，等于2。这时我们就得到了能够使a的b次方为有理数的两个无理数a和b。

※（x的y次方）的z次方，相当于以（x自乘y次后所得的结果）为单位，再让这个单位自乘z次，因此（x的y次方）的z次方＝x的（y×z）次方。

也就是说，如果你不承认$\sqrt{2}$的$\sqrt{2}$次方是有理数，那么（$\sqrt{2}$的$\sqrt{2}$次方）的$\sqrt{2}$次方就是有理数。

上述证明可以成为“是否存在a、b，使a的b次方为有理数”

这一问题的最低限度的解答。也就是说，你只回答“有”，但你不说是什么。这样的证明被称为非构造性证明。因为回答者并没有把他口中存在的东西展示给我们。

当面对这样的回答时，可能有人“感觉被骗了”（沙田利一《人的极致与神谕》，或《科学》2007 年 9 月刊）。还有学者说这种狡猾的证明法应该遭到禁止。不管是证明中出现的“$\sqrt{2}$的$\sqrt{2}$次方是有理数”还是“$\sqrt{2}$的$\sqrt{2}$次方不是有理数”都只是单纯的假设。既然它是假设，我们就无法保证其中一方是真的。也就是说，这个证明完全依赖于“P 为真，或，~ P 为真”这一“排中律”（第 4 章第 2 ~ 3 节）。P 和非 P 不可能同时为假。虽然谁也不知道它们之间谁为真，但在数理世界中，存在的理想状态已经被决定好了，而数学家们则负责慢慢发现其真理——这是数学存在主义的观点，它也被称作现代数学柏拉图主义。

正是利用了排中律，让“构造性二难推理”的使用成了可能，该论证方法才得以成立。

设“$\sqrt{2}$的$\sqrt{2}$次方为有理数”为 P，“存在无理数 a、b，使得 a 的 b 次方为有理数”为 Q。

如果 P 那么 Q。

如果非 P 那么 Q。

因此，Q。

这个构造性二难推理（因其证明的非构造性而受到重视的

论证法的名字里居然带有“构造性”一词，真是讽刺）是一种甩客发车式的证明法，虽然不知道具体是P还是非P，但答案一定在这两个里面所以到这里就停止思考了。这也是通过“P和非P包含所有情况”这一排中律规则才能推导出“所以不管选择哪一个，结果都是Q”的结论。

现代数学柏拉图主义，虽然有时候会容忍“狡猾”证明法的存在，但它依旧是大部分人所相信的世界观。没了排中律，除了构造性二难推理之外，“反证法”和“双重否定”也将无法使用。没了排中律，人类就算拥有聪颖的头脑也只能推导出贫乏的结论。

# 05 第五问 自指问题

## 问题 Q

假设你负债 10 亿日元。债权者承诺，只要你通过某一项考验，之前欠的债就一笔勾销。考验内容是：“向 100 个路人提问某个问题，如果所有人的回答都正确，那么 10 亿日元就一笔勾销。”

也就是说，提出的必须是“只要回答就一定正确的问题”。那么究竟应该怎么提问呢？

## 解答 A

首先，提问的句式一定要是一般疑问句。因为这之外的问题是一定会有人答错的。

“1+1=2 吗？”这类过于简单的提问也不够充分。因为人的性格是多种多样的，你也不知道究竟会得到什么乱七八糟的答案。所以必须慎重地决定提问内容。

怎么回答都正确的问题应该是回答者只要回答 yes，那么答案就是 yes；如果回答者回答 no，那答案就是 no 的问题。

## 提问 Q

Q“是○○吗？”“Yes”→正确

Q“是○○吗？”“No”→正确

因为把提问作为命题来思考比较困难，所以我们把命题部分独立出来，将 Q 改成如下形式。

Q“是○○。这是正确的吗？”“Yes”（正确）→正确

Q“是○○。这是正确的吗？”“No”（不正确）→正确

Q“○○”“Yes，Q 是正确的”→正确

Q“○○”“No，Q 不正确”→正确

来试着写出它的真值表。

| Q | A | |
|---|---|---|
| | Yes | No |
| ○○ | ○○正确 | ○○不正确 |
| 真 | ◎真 | 假 |
| 假 | 假 | ◎真 |

因为必须要让 yes 和 no 都是正确答案，所以我们只希望表中标有◎的这两种情况发生。也就是说，当○○为真时答案一定要是“yes”；而当○○为假时，答案一定要是“no”。

如果 yes 那么真，如果 no 那么假。也就是说，这是一个依赖于答案的问题，即当回答者的回答 A 变化时，Q 也会跟着发生变化。

“○○为真时，A 为 yes”“○○为假时，A 为 no”。

但是，由于在时间上 Q 的叙述比 A 早，所以 Q 无法决定 A 是 yes 还是 no，毕竟怎么回答都是回答者的自由。

此时，我们对○○的内容进行调整，让 A 能够后发决定○○的真假。也就是说，要让○○在一开始就提及 A。

“当 A 为真时，○○为真”

“当 A 为假时，○○为假”

这下就清楚了。○○应该是直接是“A 是 yes”或“A 是 no”这样的命题。这样一来，我们就获得了一个能够根据答案的形式发生变化的提问。

Q 可以有以下几种形式。

“A 是 yes，这正确吗？”“A 非 no，这正确吗？”

再说得自然一些——

“您的答案是 yes 吗？”“您的答案不是 no 吗？”

因为这两种都可以用，在这里我们避免使用这个容易弄错的否定疑问，采用“您的答案是 yes 吗？”这一提问。再将其补充得完整一些——“对于这个提问，您的回答是 yes 吗？”

大家也可以试一试，不管回答 yes 还是回答 no，这句话都是正确的。

顺带一提，我们还可以通过同样的推理获得“答案既不是 yes 也不是 no 的提问”。“对于这个提问，您的回答是 no 吗？”——这就是答案既非 yes 也非 no 的提问。

像这类问题一般靠直观的灵感来对提问下功夫，在这里甚至把提问变成了必然拥有具体构造的“逻辑性”推理。如果例子变得更难，单靠灵感可能难以解决，这时候我们就要采取仔细书写真值表的方法。

对于这类向提问本身提问的“自指命题”，我们可不能把它当成普通的脑筋急转弯问题而不把它放在眼里。因为它不仅和哲学的深远问题相关，也是数学中有名的“哥德尔不完备定理”的根据，还和深层的人类文化紧紧联系在一起。在日常生活中说不定都能靠这份机智和一时兴起的追债者或掌权者化干戈为玉帛呢。

# 06 第六问 通过自指操纵真假的问题

## 问题 Q

结束了出差的你正在返回公司的途中，这时你突然察觉到自己忘记了会议的开始时间是三点还是四点。你准备打电话咨询，但接电话的，要么是只说真话的机器人 T，要么是只说假话的机器人 F，单凭声音你无法区分它们。机器人只会回答 yes 和 no，且它们受理的提问只有一句。要想只通过一次的 yes 或 no 就知道会议的准确开始时间，应该提出怎样的问题呢？

## 解答 A

和第五问一样，让我们仔细地写出真值表吧。因为我们所要的信息是会议的开始时间，那么假设“会议的开始时间是三点”为 A，由于答案的价值会被接电话者（机器人 T 或机器人 F）所影响，所以假设“对方是机器人 T”为 B。将这两个命题的真假组合作为真值表（○为真，× 为假），把当我们向对方询问自己想要的信息时会得到的回答（最自然的回答）写成 yes 或 no，并机械地填入真值表中。括号内则单纯当对方是机器人 T 时，回答为真；当对方是机器人 F 时，回答为假。

| 会议时间是三点（命题 A） | 对方是机器人 T（命题 B） | 对“是三点吗？”的回答 | 想要的回答 |
| --- | --- | --- | --- |
| ○ | ○ | yes（真） | yes（真） |
| ○ | × | no（假） | yes（假） |
| × | ○ | no（真） | no（真） |
| × | × | yes（假） | no（假） |

当命题 A 为真时我们想要的回答应该是 yes，当命题 A 为假时我们想要的回答应该是 no。因此，我们把它写在真值表的最右边。

机器人 T 对于“是三点吗？”这一问题的回答，即“真”的回答（第一行与第三行）一定和我们想要的回答是一致的。问题是第二行和第四行中，当回答者是机器人 F 时，就必须要让它说出与“是三点吗？”的回答相反的回答。要让它做到这一点一定不难，因为机器人 F 的本性正是“说假话”。

没错，我们只要对“是三点吗？”的回答进行提问即可。因为假回答的假回答是双重否定，结果这个答案就必然为真。

因此，你应该这样提问。

“如果被问到会议开始的时间是否为三点，你的答案是 yes 吗？”

大家可以试着检查一下机器人 T 和机器人 F 会不会给出同样的答案。

本问题中使用的战术可看作是第四问中“非构造性证明”的其中一种。这是一种在不知道对方是机器人 T 还是机器人 F（答案是真还是假）的情况下，不管对方是哪个机器人都能知道真相的诡计。

顺便一提，关于我们想要的“对于这个提问，你的回答是 yes 吗？”这一提问，有的人哪怕不写真值表，也能靠直观（启发法）瞬间想道：“谎言加上谎言就是真相。只要让机器人 F 撒两次谎，问它‘对于这一提问你会回答 yes 吗？’不就好了。”

这类头脑发达的人我们暂且不提，但这也意味着，对于直觉并不一定敏锐的我们而言，只要按部就班便可找到正确答案的真值表这类“逻辑方法”实在是非常可贵。

并且，按照逻辑方法，还能导出许多种正确答案。请仔细看上面的真值表，找找能够获得“想要的回答”的条件。不仅限于“对于这一提问你会回答 yes 吗？”如下列提问也丝毫不逊色于之前的正确答案。

“会议的开始时间是三点这一命题，和你是机器人 T 这一命题的真假是一致的吗？”

“会议的开始时间是三点这一命题，是你对于这一问题给出的回答为真的充分必要条件吗？”

# 索　引

## X



## Y



## Z